CONSULTING

中略咨询管理丛书

U0681202

核心人才复制

打造核心人才队伍的秘密

迪凯◎著

CORE TALENTS
REPLICATION

THE SECRETS OF CREATING CORE TALENTS TEAM

经济管理出版社
ECONOMY & MANAGEMENT PUBLISHING HOUSE

图书在版编目（CIP）数据

核心人才复制——打造核心人才队伍的秘密/迪凯著. —北京：经济管理出版社，
2015.6
ISBN 978-7-5096-3782-1

Ⅰ. ①核… Ⅱ. ①迪… Ⅲ. ①企业管理—人才培养 Ⅳ. ①F272.92

中国版本图书馆 CIP 数据核字（2015）第 100932 号

组稿编辑：何　蒂
责任编辑：杨国强　张瑞军
责任印制：司东翔
责任校对：王　淼

出版发行：经济管理出版社
　　　　　（北京市海淀区北蜂窝 8 号中雅大厦 A 座 11 层　100038）
网　　址：www. E-mp. com. cn
电　　话：（010）51915602
印　　刷：三河市延风印装有限公司
经　　销：新华书店
开　　本：720mm×1000mm/16
印　　张：16
字　　数：200 千字
版　　次：2015 年 11 月第 1 版　2015 年 11 月第 1 次印刷
书　　号：ISBN 978-7-5096-3782-1
定　　价：45.00 元

Sequence

序

　　企业之间的竞争，其实是人才的竞争，最关键的是核心人才的竞争。许多企业缺少的不是"人"，而是缺少"有竞争力的劳动力"，即"人才"，特别是缺少既认同企业文化，又能为企业愿景和战略目标达成而努力奋斗的，主导支撑企业形成核心竞争优势的"核心人才"。

　　核心人才是企业人才队伍中高价值的部分，是企业竞争能力和经济效益的主要创造者和驱动者。他们拥有杰出的经营管理才能、高超的专业技术能力和丰富的操作经验，在关键岗位上对员工队伍发挥着引领作用。他们既能支撑企业战略发展，适应业务转型需要，又能主导企业重大项目或掌握核心技术，能解决企业重大和疑难问题的人才。

　　企业参与市场竞争不仅要关注人才，更要关注自己的"核心人才"，核心人才复制的意义在于提升企业自身的人才内生能力，从而获得市场竞争所需要的人才优势，没有人才优势，就没有竞争优势。同时，通过复制核心人才、打造核心人才队伍以最大限度地提升人才的价值即人力资源的效益，提高人才的产出。

　　但是，很多企业在核心人才队伍建设方面，却面临诸多困难：人才结构、竞争力和综合技能难以满足企业发展的需要；关键岗位人才缺失，人才成长缓慢、低值岗位普遍冗员，人才发展效果很不理想，人才的结构性矛盾普遍存在；关键岗位的后备核心人才储备不够，难以有效支撑企业战略发展需求；尚未建立起自身价值与企业战略规划发展需求相匹配、能够有效支撑企业战略实现的核心人才队伍建设与管理体系；对于核心人才培育缺乏正确的价值标准和理念指引，没有从企业战略管理的角度来看待培训投入和人才发展，核心人才培育收效甚微，从而导致企业发展止步于"人才供应"，却束手无策！

核心人才缺乏已经成为企业普遍面临的窘境。核心人才缺乏对企业的可持续发展造成了重大影响，核心人才缺乏将会影响企业核心竞争力的提升。

核心人才缺乏，企业难以招聘到合适的优秀人才，唯有自己复制！辛苦培养一个优秀人才，最终因为没有用好而让人才流失了！唯有通过建立核心人才复制体系——"复制"指核心人才批量培养，才能获得企业发展所需要的批量的经营管理人才、专业技术人才、关键操作技能人才。

企业的核心人才复制能力决定了企业的可持续发展能力。企业通过建立核心人才复制系统，精心设计核心技能培养目标，以及将HR的管理思想、管理工具兼收并蓄于一起，并通过运用系统、规范、前沿的核心人才培育制度和工具，达到快速复制出核心人才的目的，最终建立起企业强大的"核心人才复制系统"。

本书系统地介绍了企业"核心人才复制系统"建设需要关注的八大问题：

（1）核心人才认知与甄别标准。要找出核心人才，企业应具备相应的认知能力、甄别能力和判定标准，这是企业培养核心人才的前提和基础。如何确立科学的核心人才判定标准，可以通过建立核心能力素质模型、关键岗位任职资格等途径，采用归纳、演绎、定义以及通过最佳实践做法确定标杆等方式，结合企业战略需求和人才现状等相关信息确立本企业的核心人才标准。

（2）核心人才队伍建设规划。根据企业核心人才的结构现状、人才存量和技能现状，以战略需求为导向，制订企业核心人才队伍建设的前瞻性、系统性规划——有效的规划应具体到核心岗位和核心技能领域，从而规划打造和储备核心人才队伍，培育核心岗位员工的核心专长与关键技能的体系，这是支撑企业赢得核心竞争力的重要手段。

（3）核心人才库建设。建立核心人才库是核心人才复制的基础工程。企业核心人才库的建立，应结合企业战略规划对核心人才的需求、核心人才现状以及核心人才发展规划的实际，对关键岗位进行评估，确定核心人才的胜任能力特征和要素，并形成核心人才甄别标准，借此作为甄选核心人才入库的判定标准，最终建立企业的核心人才库。

（4）核心人才库管理。企业对核心人才库实行动态管理，每年应结合在库人才的年度绩效考核结果组织对各核心岗位的核心人才进行绩效评价和能力发展测评。同时，根据考核测评结果进行人事调整，使人才库实现资源共享、统筹安排、均衡使用。

（5）核心人才甄选管理。对于企业而言，甄选出有能力、有潜力、与岗位匹配和认同企业文化的核心人才是艰巨的任务和挑战，也是企业人力资源管理的战略价值所在。因为"选才"从来都比"育才"重要。

（6）核心人才开发管理。企业要打造核心人才培养平台，推进核心人才全面发展，必须将核心人才管理常态化。根据核心人才发展的需要，核心人才培养平台和机制应体现系统性、持续性和多元化。应打造人才发展的竞争平台，促进核心人才脱颖而出。企业应从实际出发，创建有效的核心人才开发激励机制，为核心人才的内生提供制度保障。

（7）导入核心人才竞争机制。导入"人才竞争"不是目的，目的是推动人才快速成长和内生性组织能力发展。企业将市场竞争机制导入核心人才复制体系，让竞争理念深入核心人才的内心，将外部市场竞争内部化，这有助于培育公司核心人才的竞争意识，形成适度的人才竞争机制，不断提升企业核心竞争力。

（8）导入核心人才继任计划。导入核心人才继任计划，不失为一种核心人才发展、核心人才成长激励和核心人才复制的高效机制。核心人才的继任机制是为某个关键职位选拔、培养继任人和接班人的机制，其目的是建立起继任人选择、培养流程化、标准化的制度。

当前，许多企业正处于发展的战略转型期。特别是大型国有企业，尽管下属企业和员工数量较多，但受国有企业传统用工体制和历史遗留问题影响，很多国有企业尚未建立起与企业战略规划相匹配、能够有效支撑企业战略实现的核心人才复制体系，人才质量和结构难以对战略实施提供有力支撑。这在一定程度上是当前约束大型企业战略目标达成的主要"瓶颈"。

核心人才是企业的核心竞争力。处于战略转型期的企业，亟须根据企业转型的新要求和外部市场环境的新变化，通过准确把握核心人才成长的特征和规律，建立核心人才发展体系，将核心人才开发与复制的理念、策略和方法形成制度化、标准化、常态化的人才培养模式，对标一流企业的核心人才复制与发展体系，开创"人才辈出"、人尽其才的人才发展新局面。只有这样，才能为企业的可持续发展提供坚强的人才保障和能力支持，为企业未来的核心竞争优势提升提供更有力的人才保障。这正是我们出版本书的初衷！

本书能顺利出版，首先，诚挚感谢那些信任并委托我们为其提供核心人才发展战略规划咨询服务的企业，他们的信任给予我们得以验证书中诸多理论体系和方法的机会；其次，感谢一直鼓励和支持本书出版的咨询界同仁；最后，感谢为本书的理论体系和工具贡献了诸多智慧，并付出辛勤劳动的各项目顾问团队。

受时间所限，书中错漏之处在所难免，欢迎大家给予批评指正。同时，也诚挚地期望与企业界的朋友们一起对本书中的管理体系、方法和工具做更为深入的探讨，使本书的可读性、实用性和指导性得以进一步提高。

中略咨询首席顾问：迪凯

2015 年 4 月 19 日

Contents

目　录

第一章　核心人才复制的必要性 // 1

　　第一节　核心竞争力来自核心人才 // 3

　　第二节　核心人才的界定方式 // 7

　　第三节　核心人才的复制能力决定了企业的发展能力 // 9

　　第四节　卓越的组织文化是激发人才活力的"灵魂" // 10

　　第五节　如何形成吸引核心人才的"磁场" // 11

　　第六节　什么样的人才是核心人才 // 12

第二章　核心人才队伍建设的困惑 // 19

　　第一节　核心人才在企业中的现状 // 21

　　第二节　核心人才缺乏影响企业核心竞争力提升 // 22

　　第三节　为何人浮于事与"人才荒"并存 // 25

　　第四节　企业核心人才培育的"四大误区" // 26

　　第五节　企业人才队伍建设的"七个问题" // 30

　　第六节　核心人才继任管理的"五大误区" // 32

第三章　核心人才认知与甄别标准 // 39

　　第一节　"人才观"决定企业的用人理念和标准 // 41

第二节　摸清"人才家底"，全面认知人才现状 // 43

第三节　满足战略需求是人才发展规划的起点 // 47

第四节　企业核心竞争力的关键在于核心人才 // 50

第五节　"人才库"在人才发展与管理中的重要作用 // 53

第六节　甄别核心人才，化解人才供需矛盾 // 56

第四章　核心人才复制的最佳实践做法 // 63

第一节　企业为何需要核心人才复制 // 65

第二节　如何构建核心人才复制系统 // 66

第三节　麦当劳：从发展中审视核心人才复制模式 // 73

第四节　苏宁：如何打造核心人才复制"黄埔军校" // 77

第五节　宝洁：注重从内部培养核心人才 // 80

第五章　核心人才队伍建设规划 // 85

第一节　核心人才队伍现状的全面审计 // 87

第二节　核心人才队伍总体规划 // 92

第三节　核心人才队伍建设的主要任务 // 95

第四节　核心人才队伍建设的重要举措 // 96

第五节　核心人才队伍建设的组织实施 // 98

第六节　核心人才管理体系与任职评价 // 100

第六章　"核心人才库"建设 // 105

第一节　核心人才标准 // 107

第二节　"核心人才库"建设 // 110

第三节　核心人才梯队建设 // 112

第四节　核心人才入库与出库管理 // 120

第五节　核心人才开发机制规划 // 122

第六节　核心人才激励机制设计 // 125

第七节　核心人才任用规划 // 128

第八节　核心岗位与核心能力清单 // 129

第七章　"核心人才库"的管理 // 133

　　第一节　搭建核心人才管理体系 // 135

　　第二节　"核心人才库"管理原则 // 135

　　第三节　核心人才管理的任务 // 137

　　第四节　核心人才引进机制 // 142

　　第五节　核心人才选拔与任用机制 // 143

　　第六节　核心人才培养与培训机制 // 144

　　第七节　核心人才职业发展辅导机制 // 149

　　第八节　核心人才考核、评价机制 // 150

第八章　核心人才甄选管理 // 153

　　第一节　核心人才甄选策略 // 155

　　第二节　核心人才甄选的关键 // 163

　　第三节　核心人才甄选的方法与标准 // 166

　　第四节　核心人才甄选管理 // 169

　　第五节　"职业性向"测试规避核心人才甄选的误差 // 171

第九章　核心人才开发管理 // 175

　　第一节　营造健康的核心人才发展生态 // 177

　　第二节　如何建立核心人才开发机制 // 179

　　第三节　核心人才开发管理是 HR 的使命 // 184

　　第四节　核心人才培养机制的系统性、持续性和多元化 // 190

　　第五节　创建有效的核心人才开发激励机制 // 192

第十章　打造"知人善任"的用人环境 // 195

　　第一节　如何做到知人善任、人尽其才 // 197

　　第二节　如何留住核心人才 // 203

　　第三节　建立核心人才常态化管理机制 // 206

　　第四节　构建良好的用人环境 // 208

第十一章　导入适度的核心人才竞争机制 // 211

　　第一节　建立有效的核心人才竞争机制 // 213

　　第二节　如何导入适度的核心人才竞争机制 // 214

　　第三节　如何完善人才竞争性选拔机制 // 220

　　第四节　用活"鲇鱼效应"，激发竞争 // 222

　　第五节　警惕核心人才之间的"恶性竞争" // 225

第十二章　导入核心人才继任计划 // 229

　　第一节　企业普遍缺乏核心人才继任意识 // 231

　　第二节　企业核心人才继任计划现状 // 232

　　第三节　核心人才继任计划助力企业核心竞争力提升 // 238

　　第四节　核心人才继任计划对企业的五大影响 // 239

　　第五节　核心人才继任计划的实施步骤 // 242

第一章
核心人才复制的必要性

【章节导读】

现代企业缺少的不是"人",而是缺少"有竞争力的劳动力",即"人才",尤其是认同组织文化,愿意为组织愿景和战略目标努力奋斗的"核心人才"。遗憾的是,这样的人才企业却难以从外部劳动力市场上轻易依靠货币优势而获得,因为这样的"核心人才",不仅在专业能力上超越了同行中其他的劳动者,形成了具备"竞争优势的技能",而且在精神层面上认同组织的文化,并形成了愿意为企业的战略目标和愿景而奋斗的自觉性、主动性和忠诚度。"核心人才"是企业的脊梁,更是企业的未来!那么,"核心人才"能不能复制、如何复制?这是值得高层领导和 HR 深入研究的课题。

企业不仅要关注人才,更要关注自己的"核心人才",核心人才复制的意义在于提升企业自身的人才内生能力,从而获得市场竞争所需要的人才优势,没有人才优势,哪有竞争优势!同时,通过复制核心人才、打造核心人才队伍来最大限度地提升人才的价值即人力资源的效益,提高人才的产出。

第一节 核心竞争力来自核心人才

核心竞争力是一个企业能够长期获得竞争优势的能力，是企业所特有的、能够经得起时间考验的、具有延展性，并且是竞争对手难以模仿的技术或能力。企业竞争力具有价值性、稀缺性、不可替代性、难以模仿的辨识标准。核心人才是企业的核心竞争力创造者和主要载体。核心人才是企业核心竞争力的核心，企业只有推行人才战略建设，推动核心人才的复制，不断增强企业后劲，才能确保企业的可持续发展。

当前，企业需要突出创新驱动，加快转型升级，企业间的竞争已从比拼自然资源发展到比拼人才。对于企业来说，创新是企业的灵魂，技术是企业的核心，产品是企业的主导，这是企业提升核心竞争力的关键，而这一切的主体是核心人才。这要求企业必须在人才管理方面不断地创新，打造一个既有创新力，又具学习性，并且是高素质、高能力、高凝聚力的核心人才队伍。

一、核心竞争力来自核心人才的原因

核心人才是形成企业核心竞争力的基础。企业要提升核心竞争力，必须建立在发掘核心人才优势和潜能之上，核心人才的能力、素质决定企业核心竞争力。核心人才的能力、素质与企业核心竞争力之间的联系有以下几点。

（一）核心人才的能力、素质是形成企业核心竞争力的保障

核心人才的能力、素质开发是企业提升核心竞争力的根本，核心人才的能力、素质是形成企业核心竞争力的保障。因此，企业要积极构建科学、有效的核心人才引进、培养和使用机制，拥有一批具有战略决策、技术创新和营销管理的高素质、高能力的核心人才队伍。同时，通过系统的能力开发工作，最大限度地

开发企业的核心人才,提高核心人才的能力、素质,调动核心人才的主动性和创造性,提升企业的核心竞争力。

(二)核心人才的能力、素质决定核心竞争力的可持续性

现实中,有的企业依靠专业化大规模生产,有的企业依靠新、奇、特的企业策划取得了暂时的优势。然而,要获得可持续的核心竞争力,必须依靠高水平的核心人才。核心人才是企业发展和创造财富的动力源泉,核心人才的能力、素质是企业的力量所在。企业要把核心人才看成一种资源,而不是简单地当作成本看待。企业的核心工作需要核心人才去完成,企业战略管理及战术执行力问题都围绕着核心人才开展,所以企业要打造并保持自身的核心竞争力,达到提高效率和效益、战胜竞争对手的战略目标,必须注重核心人才的能力开发工作。

二、企业人才战略决定企业未来的核心竞争力

成熟的、卓有成效的人才发展战略关乎着整个企业的长远发展战略和未来的核心竞争优势,甚至关乎企业未来的命运。核心人才日益成为左右企业战略实现的关键因素,高度敬业的核心人才在企业战略实现中具有核心作用。企业战略规划实现的过程也是企业核心竞争力提升的过程。核心人才在企业中的核心作用,体现在:

(1)战略制定:企业战略制定的过程本身对高级管理人才的信息收集能力、统筹分析能力和判断决策能力提出了很高的要求。同时,既定战略得以长期而稳定存在和执行的基石是一个勤勉、忠诚的领导团队。

(2)战略传递:战略的传递是指企业如何将公司战略有效传达给企业每一位员工,让员工理解并知道自己与企业战略实现之间的关系。这关系着战略能否真正得以执行以及最终执行的效果如何。在这个过程中,如果没有高素质和高敬业度的中高层管理人员以及核心人才不断沟通、协调以及自我身体力行,任何战略都难以被广大员工真正接受和理解。

(3)战略执行:任何企业战略的执行是一个充满变数、风险和挑战的过程,只有高度敬业的核心人才队伍才能始终对企业前景抱有坚定的信心并愿意与企业

共同进退、共同成长。

【案例】

人才资本支撑企业核心竞争力

A公司是轨道交通装备制造企业之一，长期以来，A公司以引领全球轨道交通装备发展的全面解决方案供应商为目标，打造成为具有国际竞争力的全球知名品牌。多年来，A公司人力资源工作紧紧围绕公司发展战略、创新思维、系统谋划、整体设计、分步推进、全面实施与战略协同一致的核心人才开发，逐步打造形成战略协同型人才资本体系，强力加速组织战略与人才发展系统化的深层次融合，有效激活、开发、凝聚核心人才资源，为A公司培育核心竞争力，成就世界一流人才，提供保证和智力支持。

A公司通过开发核心人才，从而打造核心竞争力，主要体现在以下三点。

（一）围绕人才强企战略目标，系统部署核心人才发展战略规划

2008年，A公司实现上市，面临新形势、新环境、新要求，A公司把转型升级摆在战略发展的首要位置。人才的稀缺性和凝聚人才的紧迫性日益突出，核心人才对于企业发展的战略引领性愈加明显，A公司人力资源工作深刻把握发展趋势和发展战略要求，秉承"忠诚、务实、创新、奉献"的核心价值观，努力实现塑造专业化、市场化、职业化、国际化的形象。在"十二五"开局之年，A公司围绕人才强企战略目标，系统部署"四新四化"人才发展规划，明确提出战略目标和战略举措，全面形成人力资源战略规划体系，为实施人才战略描绘了自上而下、系统协同的路线图。A公司实施了从专业引领、创业驱动、基础夯实、价值创造、系统推进五个维度度量和评价的"人力资源五星评价系统"。

（二）对标一流，战略行动聚焦人才资本增值

核心人才造就一流企业，打造一流的核心人才队伍，是A公司战略化人

力资本的主体，A公司以万名核心人才队伍为主线，聚焦企业发展战略，全面形成对标国际一流的"四点、一线、一面"的立体化战略行动体系。

推进万名核心人才队伍坚持，坚持人才培养的数量规模与质量水平并重。按照经营管理、工程技术、操作技能建设三支人才队伍，每支队伍根据功能和角色定位划分五个层次，整体打通以专业化、职业化标准为核心的人才发展通道，按照五个层次和不同岗位细化分解万名核心人才培养目标，到目前已选拔产生50%以上的核心人才队伍。

构建战略引领型人才培训开发平台。全面打造公司战略领导力"引擎"。领导力模型是职业经理人队伍的成功标准，准确定位领导力素质能力，实现卓越领导力、优秀领导力、发展领导力和基础领导力四个层级的领导力加速发展。

培养适应全球化战略需要的国际化专业人才。A公司根据国际化经营需求，立足全球市场制订了国际化人才队伍建设规划纲要，加强国际化人才队伍的建设、指导、协调，有计划、有步骤、更迅速、更有效地建设一支数量质量符合发展要求的国际化人才队伍。

培育适应精益制造的高层次技能人才。每年组织高规格、高标准、高水平的职业技能大赛，以竞争激烈的技能大比拼展现技能人才。

持续创新人才发展激励机制，以岗位价值为导向，以员工对企业贡献为依据，以提高员工绩效、能力与薪酬的匹配度为指导思想，建立工资与绩效的联动机制，完善绩效管理制度和员工职业生涯管理制度，全面实施岗位绩效工资制和全员绩效管理。通过实施股权激励计划，引入中、长期激励机制，将价值实现与价值创造紧密结合，使中、长期激励成为员工与企业共享长期发展成果的有效手段。

(三) 打造卓越，人才资本体系支撑A公司核心竞争力

为有效支撑战略规划体系的有效运行，A公司实施了以战略整合型人才资本体系顶层设计的人才体系。启动以系统化、一体化、规范化、人力资源管理体系和机制建设为核心的人力资源信息化平台构建工作，经过三年构

建，全面实现符合现代集团化管理要求的统一系统、统一功能、统一管理的信息化平台建设。

近年来，公司初步形成了"三位一体战略化人力资源体系"，持续不断地培养出一大批核心人才。战略领导力、国际化专业人才和高层次技能人才，三支强大人才队伍全面驱动 A 公司发展、设计研发、生产制造，不断涌现卓越成就，A 公司连续两年被评为"国家十大创新型企业"。

第二节 核心人才的界定方式

越来越多的企业在同一个"人才池塘"里"钓鱼"，具有精湛职业技能和优秀综合素质的核心人才正成为猎头顾问稀缺的"猎物"，面对越来越激烈的人才竞争，企业可持续发展需要一个更长远、更扎实的人才梯队进行保障。如果人才供给跟不上发展战略的需求，那么一切伟大的战略都将是空谈。

核心人才不仅具有企业人才的特点，还具有其特殊性。核心人才具有比其他员工更强的竞争性，必须建立有利于核心人才彼此进行合作的创造性方式。在企业中，往往是 20% 的核心人才创造了 80% 的效益。

可见，核心人才的重要性不言而喻。那么核心人才有哪些界定方式呢？

一、核心人才稀缺性和核心人才价值矩阵法

这种方法从两个维度区分人力资源的核心程度：一是核心人才的稀缺性；二是核心人才的价值。所谓人力资源的稀缺性指企业很少拥有的或者企业很难短期培养的人才；所谓人力资源的价值指成本收益比很高的人。从这个角度看，一个博士可能不一定是核心人才，因为博士创造的收益可能很高，但同时人力成本也

可能很高。根据这两个维度,企业可以把自己的人力资源分为四种组合:第一种是价值很低也不稀缺的人力资源;第二种是价值很高但不稀缺的人力资源;第三种是价值很低但很稀缺的人力资源;第四种是价值很高也很稀缺的人力资源。企业往往将第四种组合的人力资源定义为核心人才。

二、核心人才是拥有核心能力从而对企业战略实施不可或缺的人

"核心能力"是一个专门的概念,指能够驱动或直接给顾客带来特别价值的技术与知识,它们是能够帮助企业获得竞争优势的关键能力。

有差别和有竞争力是核心能力的关键特征。

三、按照管理层级或者职位层级来确定核心人才

这种办法主要是根据管理层级或者职位层级的高低确定核心人才。一般来说,层级越高的管理者或者职位越高的从业者,就越有可能被看成是核心人力资源。

既肩负更大责任,又发挥更大作用,对企业竞争具有更深远影响的职位,从业者往往属于核心人才。

四、按照业绩高低来确定核心人才

这种办法主要是根据员工的历史业绩和当前业绩确定核心人力资源。对公司主要业绩高低发挥决定性影响或作用的人被认为是核心人才,业绩一般的人则被认为是一般人力资源。

五、按照企业战略周期来划分核心人才

这种方法是依据企业不同战略周期所需要的核心竞争力的类别和强度不同,对所需的核心人才队伍的种类、结构和数量有差异化要求。根据这种方法,可以明确划分出不同时期所需的核心人才。

企业不同战略阶段所需要的核心人才,往往由企业的产品差异、业务模式差异和行业竞争需求差异所决定。

第三节 核心人才的复制能力决定了企业的发展能力

当下很多企业运用各种方式打造核心竞争力，以确保企业在日益激烈的竞争中处于优势地位。企业核心竞争力本质是在结合战略、人才、管理、技术等基础上形成的保持企业长期竞争优势的能力，其中获得人才优势是打造企业核心竞争力的关键环节。获得人才优势，企业需要关注核心人才的复制能力。

一个企业的核心人才复制能力决定了企业的发展能力。企业的发展能力也称为企业的成长性，它是企业通过自身的生产经营活动，不断扩大积累而形成的发展潜能。核心人才的复制能力对企业发展能力具有决定作用。越来越多的企业为了获取人才优势，提升企业核心竞争力，把企业的关注点聚焦于核心人才的复制。

当然，笔者在管理咨询实践的过程中也看到不少企业选择进行大规模的外部招聘，忽略了内部核心人才的复制，导致的问题是：一方面，从外部招聘的"核心人才"缺乏对企业文化和业务状况的了解，不能在短期内发挥最大的组织效能，相对来说，他们忠诚度较低，可能进一步导致企业核心人才流失，同时由于企业招聘体系不成熟，用人风险也较高；另一方面，对于内部员工来说，他们的能力积累和提升被忽视，可能挫伤他们的工作积极性，员工看不到自己的职业发展方向，从而影响企业人力资源的稳定，这样的企业对于核心人才恐怕很难有长久的吸引力。在这种情况下，关注核心人才的复制能力，建立企业核心人才复制的管理机制势在必行。

核心人才复制能力的提升，是企业发展能力提升的前提。核心人才复制是在现有核心人才发挥作用的同时做好人才储备，当现有核心人才出现变动时，能及时将储备的人才补充上去，保证企业人力资源的延续性。建立核心人才复制的管理机制，提高各类人才的积极性，在保留核心人才的基础上，有计划、有步骤地对后备人才进行培养，确保各类人才持续供给，从而不断地提升企业核心竞争力和可持续发展能力。

第四节　卓越的组织文化是激发人才活力的"灵魂"

　　核心人才是指拥有专门技术、掌握核心业务、控制关键资源，对企业或部门会产生深远影响的员工。企业中的核心人才虽然只占企业员工总数较小的比例，但却创造了企业大部分的财富和利润，他们是企业核心发展能力的源泉，是企业的灵魂和骨干。把企业做大做强，使其高效益且可持续发展，是每个企业的最终目标，现代企业的经营与管理面临着越来越多的内部分歧管控和外部冲突处置挑战。

　　对于企业来说，其发展的最重要的内部因素——核心人才，是成为企业之间差异化竞争的焦点、成为企业竞争力的"灵魂"，更是决定其成败的关键。把企业的价值观念与用人标准结合起来，无疑为企业招聘到所需要的核心人才把住最关键的"门槛"，为企业留住核心人才做好最重要的保障，为企业的高效发展走好第一步。

　　卓越的组织文化可激发人才的"灵魂"，企业的核心价值观是企业文化的"灵魂"，核心价值观把个体文化融入群体文化，以此产生合力和效力，增强企业的整体竞争能力，使核心人才认可并内化企业核心价值观，从而形成持久的行为。如果说企业文化是核心竞争力，那么其更为核心的是核心人才的复制。从现代人力资源管理的角度看，"以人为本"是一个永远都不会错的真理，"以人为本"的文化意识表现在：注重创造宽松、优美的工作环境，更加关注人的个性的张扬和能量的充分释放，更加重视核心人才的复制，自我价值的实现和人的全面发展。

　　企业精神是企业全体或多数员工共同一致，彼此共鸣的内心态度、意志状况和思想境界。它可以激发企业核心人才的积极性，增强企业的活力，是企业经营宗旨、价值准则、管理信条的集中体现，它构成企业文化的基石。

企业应最大限度地发挥核心人才创造力，核心人才的去留已经不能简单地用工资高低决定，卓越的组织文化、工作有价值和意义、为社会做贡献、项目具有挑战性和刺激性，这些是留住核心人才的重要因素。

卓越的组织文化将使核心人才感受到强烈的归属感，并产生强大的凝聚力。核心人才在组织文化的激励下，利用种种措施释放自身的力量，发挥聪明才智，为企业的发展做出贡献。同时，企业对于核心人才的作用也进行鼓励和认可，这样会增强核心人才的"主人翁"地位的自我感觉，增强对企业的归属感。

第五节　如何形成吸引核心人才的"磁场"

核心人才"磁场"的形成是企业持之以恒重视、持续创新政策的结果。在企业战略转型的关键时期，靠什么抢占企业未来发展的制高点？归根结底要依靠核心人才。加快核心人才的集聚，需要科学有效的管理机制保障。

核心人才"磁场"的形成是不断创新和优化核心人才激励的结果。良好的人才激励机制是吸引核心人才的"风向标"，更可以使一个企业成为集聚核心人才的"聚宝盆"。企业需要通过一系列富有"含金量"的核心人才激励措施，才能产生核心人才集聚的"磁场效应"。营造核心人才脱颖而出的良好环境，进一步提升高层次核心人才的引领示范作用，从而为企业提供有力的人才支撑和智力保障。

核心人才"磁场"的形成是企业尊重核心人才、贴心服务核心人才的结果。"水积方能鱼聚，木茂吸引鸟集"，打造这样的"强力磁场"，企业需要具有尊重核心人才的共识，为核心人才提供相互切磋、共同发展、共同进步的交流平台，这样才能真正做到"水积"、"木茂"。

"得才者兴，得士者胜。"核心人才永远是企业发展的"引擎"。随着核心人才"磁场"的不断"加磁"，企业能成为具有较大影响力和吸引力的"人才高地"，一个真正打动核心人才、留住核心人才的"强力磁场"。

第六节　什么样的人才是核心人才

在市场竞争日趋激烈的今天，企业在市场中的立身之本关键是企业的核心竞争能力，而核心人才是企业核心竞争能力的主要创造者，也是市场上各类企业争夺的最重要的战略性人力资源。

核心人才是在企业发展过程中通过其高超的专业素养和优秀的职业经理人操守，为企业做出或者正在做出卓越贡献的员工，或者说是因为他们的存在而弥补了企业发展过程中的某些空缺或者不足的员工。核心人才不仅具有企业人才的特点，还具有其特殊性。核心人才具有比其他员工更强的竞争性，必须建立有利于人才彼此进行合作的创造性方式。

企业核心人才，一般具有如下特点。

一、具备组织战略发展所需要的关键能力

核心人才需要具备组织发展所需要的关键能力。关键能力是指任何职业或行业工作都需要的、具有普遍适用性和可转移性的且在职业活动中具有支配和主导作用的能力。关键能力是各种职业活动中不可或缺的元素，它们可以引导、激发其他职业能力的生成，具有重要的"生产性"价值。

与一般的职业能力相比，核心人才的关键能力具有特别重要的意义和价值。在企业里，许多雇主意识到，如果录用关键能力发展较好的核心人才，那么这些核心人才在具备特殊职业技能的人员短缺的情况下，依然能相对较容易地填补这些职位的空缺。当某些企业发现它们所属的产业正在急剧地变化时，这些企业会

热心于采用"超越性的培训方法",即它们逐步认识到关键能力变得越来越基本,越来越重要。在工作领域里,企业管理者也有义务为核心人才发展提供广泛的和高质量的学习机会,以便促进这些人才的关键能力的发展。

二、难以从外部劳动力市场轻易获得

在企业中,核心人才一般拥有专门的技术,掌控企业核心业务,控制企业关键资源,洞悉企业商业机密,具体包括高层管理者、研发骨干等知识创新者、高级技术工人等。核心人才最主要的特点是高度的劳动力稀缺性,具体表现为劳动力市场上同类人才的数目相对较少,可替代性差,难以从外部劳动力市场轻易获得,其招聘成本要高于一般员工。

三、培养周期长、难以复制

卓越的企业不仅重视对核心人才的大力培养与发展,也建立了行之有效的核心人才培养机制,为企业持续发展源源不断地供应核心人才。然而,核心人才培养对于诸多企业的经营者和培训管理者却是个十分头痛的话题,提起来无不肯定和重视,但行动起来却常常像是"拳头打在棉花上",绵软无力。核心人才培养工作涉及面广、成效周期长、培训实施专业性强、难以复制,需要从战略高度予以统筹规划。

四、高价值、高绩效、高素质

核心人才一般具备"三高"特质:高价值、高绩效、高素质。核心人才是企业的最核心价值。核心人才在企业发展过程中,通过其高超的专业素养和优秀的职业经理人操守,能够为企业做出卓越贡献。

高绩效的核心人才能够批判性、创造性、战略性地思考问题,能够发挥他们最大的潜力。他们往往对能够拓展他们的才智、满足他们成就感的工作非常感兴趣。

核心人才一般具有相对良好的教育背景,具备优秀的职业素质,是企业中最富活力的群体,而且倾向于拥有灵活、自主的组织结构和工作环境。

核心人才所处的位置、所扮演的角色、所担当的责任、所发挥的作用具有特殊性。他们要么掌握企业的经营决策大权,要么处在企业业务链条中的关键环节。对企业来说,他们是难以轻易替换的员工。

五、内部人才发展与培养的"标杆"

核心人才是企业"资本大厦"的基石,是内部人才发展的"标杆",而"标杆员工"又是企业竞争核心动力的源泉。

"标杆员工"具有责任感,富有团队精神,积极主动、富有创造力。"标杆员工"是企业的中坚力量,是企业的宝贵财富。在具有优秀企业文化的企业中,集中体现企业价值观的是企业的标杆员工。他们敬业爱岗,无私奉献,并以自己的模范行为影响和感染周围的人。

六、组织绩效提升的"发动机"

核心人才是良好的组织绩效提升的"发动机"。企业拥有核心人才,拥有高绩效的优秀团队,是实现一个组织领跑行业的必由之路。

高效的核心人才管理有助于提升组织的绩效表现,提高员工的积极性、工作满意度和组织忠诚度。

卓有成效的著名品牌 IBM 公司,十分重视对组织的重组、调整和重建,以使企业建立优秀的核心人才团队,以便取得最优的组织绩效。

七、组织、产品和技术创新的"领头羊"

企业发展的关键在于创新,创新的关键在于人才,而核心人才是组织创新的"领头羊"。

企业通过引进高层次核心人才,带动技术的消化吸收再创新,快速实现落后领域的跨越式发展,是企业可持续发展的一条"捷径"。

同时,企业以机制创新为动力,激发高层次核心人才的创新活力。企业在坚持"事业留人"、"感情留人"的基础上，应坚持绩效优先，建立"本领决定舞台，业绩体现价值，财富回报才智"的考评激励机制，为高层次核心人才的价值体现提供有力的保障，充分调动他们的创新积极性。

【案例】

某公司如何实施核心人才任职评价

B公司是一家集产品设计、开发、生产、销售于一体的大型机械制造企业。截至目前，公司设有1个研发中心、2个大型生产基地，员工人数近3000人。

随着企业的发展，职责不清、人员流失、积极性不高等管理上的问题逐渐显露出来，公司管理者也逐渐认识到人力资源是企业发展的第一要素，但是核心人才的匮乏已经成为管理者的难题。在这种局面下，仍然有不少核心人才离职。为了留住这些核心人才，管理者也采取了一些措施。比如，提高薪资水平、增加培训机会等，但其效果并不大。在这样的背景下，B公司的管理者提出从公司内部培养核心人才的诉求，希望能挖掘内部优秀人才并加以合适的培养，以培养出能胜任岗位，而且忠诚度较高的优秀后备人才。但是，怎么判断人员是否能胜任岗位？应该培训哪些内容呢？

（一）现状问题及分析

企业持续成长的前提是拥有核心人才队伍，因为核心人才是一个企业最重要的战略资源，是企业价值的缔造者。根据"二八原则"，企业中80%的业绩往往是由20%的核心人才完成。随着核心人才竞争的日益激烈，市场上的核心人才越来越短缺，这一趋势迫使企业从内部寻找核心人才并加以培养。但是，大多企业在核心人才的培养和管理方面仍存在一些问题。

通过深入的访谈和分析，中略咨询顾问团队发现B公司在核心人才培养方面存在以下几个方面的问题：

（1）不清楚谁是核心人才。B公司重点培养的是关键性岗位的现有人员，但是这些人中也不乏不能胜任岗位的人员。B公司领导提出要培养能够胜任岗位的后备人才，但是，哪些人能够胜任岗位呢？应该选择哪些人作为关键性岗位的后备人员呢？目前，B公司管理者并不清楚哪些人是优秀人才，缺乏科学的评选标准，过多关注关键岗位上人才的专业和业务能力。往往是在某个岗位表现比较好的人员就被晋升到上一级的岗位，但是晋升之后的工作表现却往往不尽如人意。此外，在选拔优秀人才时，由于缺乏明确的评选标准，人为因素的影响也较为严重，一些"会表现"的人员往往会得到管理者的关注，这就有可能导致一些"埋头干活、不会表现"的优秀人才被埋没。

（2）培养机制不健全。与普通员工相比，核心人才的培养周期较长，所以培养核心人才要面向未来事业，同时也不能离开实际工作的需要。目前，B公司对核心人才的培养仅限于各类培训内容的授课，且在内容的选择上，随机性较强，经常是领导在外面听了一堂不错的课程，就把培训师请到公司为这些核心人才授课，或者看市面上流行什么课程就培训什么课程，培训内容的针对性不强，且容易与实际工作脱节，整个培养机制也欠缺系统性。

（二）中略咨询解决方案

通过对B公司人力资源管理现状的深入了解和分析，结合多年核心人才管理的理论研究及管理实践经验，中略咨询顾问专家指出，人岗匹配是产生绩效的前提，企业在培养核心后备人才时也应该以胜任力为前提，选择具备能够胜任岗位的能力素质的优秀人才作为培养对象，并结合胜任力与人员现状之间的差距进行针对性的培养。针对B公司提出的咨询诉求，中略咨询顾问团队提出建立核心人才任职评价体系，并在此基础上搭建系统的核心人才培养机制。

（1）建立核心人才能力素质的评价体系。从知识、技能、能力、意识等多个维度对人员进行评价，以区分优秀人才和普通员工之间的差异，并从中选拔出真正的、能适应岗位要求的核心人才。其中，知识是指一个人对特定领域的了解，技能是指将事情做好所需要具备的专业技能，能力是指一个人胜任某个具体岗位所必需的核心能力（比如，逻辑思维能力、沟通能力等），意识是一个人在某个特定领域的自然而然、持续的想法和偏好（比如，成本意识、安全意识等），这四个维度中，能力、意识是相对较难改变的，是选拔高层管理者或核心人才的关键因素所在。

在深厚的理论背景的支撑下，基于对 B 公司关键性岗位的大量工作分析工作，中略咨询顾问专家团队从知识、技能、能力、意识等多个维度，针对具体岗位搭建了任职评价体系。在这个过程中，中略咨询顾问专家团队多次对绩效优秀的员工和一般员工进行深度访谈，深入分析绩效优秀员工和一般员工产生绩效差异的所在，分析他们在工作中关注的重点和思维方式、对复杂问题的理解、知识的应用等方面的不同之处，从而为获得核心能力素质提供信息/数据支撑。同时，在针对不同岗位梳理了评价内容的基础上，明确了各项评价内容的评价标准。

（2）基于任职评价的基础上，建立系统的核心人才培养机制。在明确了各个岗位的任职要求的基础上，使用个人需求量表、个人行为量表、心理测量工具等评价工具对人员进行评价，基于人员能力素质与岗位胜任要求之间的差距，设计有针对性的培训项目，并选择合适的评选方式进行培训。

（三）中略咨询项目总结

核心人才是企业发展的关键所在，而建立优秀的后备人才队伍是企业可持续发展的重要保障。在实际管理过程中，很多企业花了大价钱培养优秀人员，但是培训效果不佳，人员上岗之后无法胜任岗位。在这种情况下，很多人把责任推给培训人员，认为培训无效。殊不知，人选错了，再好的培训也无法产生好的效果，当然，有针对性的培训内容和培训方式也是核心人才培养的重要影响因素。

针对如何选择真正的核心人才，中略咨询顾问团队在此次项目中提到要建立以能力素质为核心的人员评价体系，基于对工作的分析，从知识、技能、能力、意识等多个维度建立评价内容指标，并明确评价标准。同时，在此基础上，通过对人员进行科学评价，找到人员现状与岗位胜任力之间的差距，设计有针对性的培训内容和培训方式，以为企业建立一支优秀的后备人才队伍。

本章回顾

※ 现代企业缺少的不是"人"，而是缺少"有竞争力的劳动力"，即"人才"，尤其是认同组织文化、愿意为组织愿景和战略目标努力奋斗的"核心人才"。

※ 核心人才，不仅在专业能力上超越了同行中其他的劳动者，形成了具备"竞争优势的技能"，而且，在精神层面上认同组织的文化，并形成了愿意为企业战略目标和愿景而奋斗的自觉性、主动性和忠诚度。

※ 核心人才复制的意义在于提升企业自身的人才内生能力，从而获得市场竞争所需要的人才优势；同时，通过复制核心人才、打造核心人才队伍来最大限度地提升人才的价值，提高人才的产出。

※ 核心人才日益成为左右企业战略实现的关键因素，高度敬业的核心人才在企业战略实现中具有核心作用。

※ 核心人才的复制能力决定了企业发展能力。越来越多的企业为了获取人才优势，提升企业核心竞争力，把企业的关注点聚焦于核心人才的复制上。

※ 卓越的组织文化是激发人才的灵魂，卓越的组织文化使核心人才感受到强烈的归属感，并产生强大的凝聚力。

※ 企业核心人才，一般具有如下特点：具备组织发展所需要的关键能力；难以从外部劳动力市场轻易获得；培养周期长、难以复制；高价值、高绩效、高素质；是内部人才发展的"标杆"；是组织绩效提升的"发动机"；是组织创新的"领头羊"。

第二章
核心人才队伍建设的困惑

【章节导读】

古人云:"千军易得,一将难求。"一名优秀的将领往往具有举足轻重的作用,有时可以决定一场战争的胜负。核心人才的价值亦即如此。

核心人才是企业人才队伍中高价值的部分,是企业竞争能力和经济效益的主要创造者和驱动者。他们拥有杰出的经营管理才能、高超的专业技术能力和丰富的操作经验,在关键岗位上对员工队伍发挥着引领作用。他们是既能支撑企业战略发展,适应业务转型需要,又能主导企业重大项目或掌握核心技术,还能解决企业重大和疑难问题的人才。吸引、凝聚和留住核心人才,充分调动并发挥他们的聪明才智,对企业的可持续性发展,具有十分重要的意义。

但是,很多企业在核心人才队伍建设方面,仍面临着诸多困难:人才结构、竞争力和综合技能难以满足企业业务发展的需要;关键岗位人才缺失、成长缓慢,低值岗位冗员,人才发展效果很不理想,人才的结构性矛盾普遍存在;关键岗位的后备核心人才储备不够,难以有效支撑企业战略发展需求;尚未建立起自身获得与企业战略规划发展需求相匹配、能够有效支撑企业战略实现的核心人才队伍建设与管理体系;等等。

核心人才是企业核心竞争力的创造者和主要载体。但是中国企业核心人才的现状不容乐观:一方面核心人才难以培养;另一方面核心人才流失十分严重。核心人才队伍建设方面的困惑,概括起来是:核心人才范畴尚不明确、统一;核心人才的认同度不高;核心人才运行机制仍不完善;核心人才聘任制度还不健全;核心人才队伍建设的理念滞后;等等。

第一节　核心人才在企业中的现状

中国企业核心人才的现状不容乐观：一方面，核心人才难以培养；另一方面，核心人才流失十分严重。其具体体现为：

第一，企业没有完全建立现代企业管理制度。核心人才在企业中的作用与地位缺乏制度约束。核心人才流动性比较大，给企业带来一些损失，而且没有相关的法律来约束其行为。

第二，企业对核心人才的管理观念与用人机制滞后。一是没有把核心人才的开发利用工作提到应有的高度加以重视，对人才问题缺乏系统的理论研究和探讨；二是核心人才激励和竞争机制没有完全形成；三是对人才存在着重使用，轻培养的现象，不利于人才素质的提高。

第三，企业核心人才管理缺乏科学的甄别、培养和淘汰机制。没有合理的淘汰机制，会加重企业的人力资本负担。但是对比国外大公司的先进水平，对照市场经济的客观要求，还存在突出问题：冗员过多与结构性矛盾并存。一方面，企业冗员较多，劳动生产率较低，人工成本不堪重负；另一方面，由于条块分割、产业结构趋同等体制性缺陷，造成熟悉市场经济的高级管理人才和复合型核心人才短缺，又没有有效的引进途径。

第四，企业对核心人才缺乏有效的激励机制。核心人才对自身的地位、作用、价值，往往是以市场价值为评判依据的，集中表现在收入的期望值上，而且改革的市场取向十分明确，要求收入与责任、收入与贡献、收入与风险相对称，且不可分割。而大多数企业核心人才的激励机制却在平衡的理念影响下，难以发挥出有效的激励作用，普遍滞后。

第二节　核心人才缺乏影响企业核心竞争力提升

目前，核心人才缺乏已经成为企业普遍面临的窘境。核心人才缺乏是否对企业的可持续发展造成了重大影响？答案是肯定的。

一、核心人才缺乏对企业核心竞争力的影响

根据调研数据显示，在认为自身存在核心人才缺乏问题的企业中，有 98.84% 的企业认为核心竞争力受到了不同程度的影响。其中，认为受到较严重影响（包含较大影响和重大影响）的企业高达 60.91%，而核心竞争力受到严重影响的企业高达 60.91%，影响深度可见一斑。如图 2-1 所示。

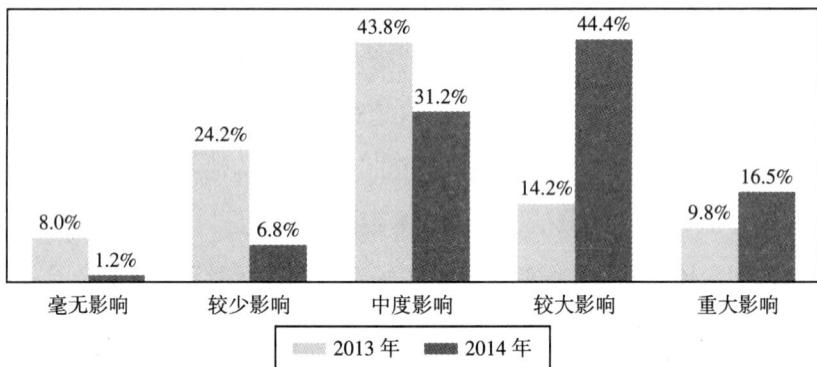

图 2-1　核心人才缺乏对企业核心竞争力的影响程度
数据来源：中国和致。

从企业规模来看：人员数量为 2001~3500 人的企业，核心竞争力所受影响相对较大，产生重大影响的比例为 22.7%。人员数量 3501~5000 人的企业，受到的影响相对较小，产生重大影响的比例为 8.3%。如图 2-2 所示。

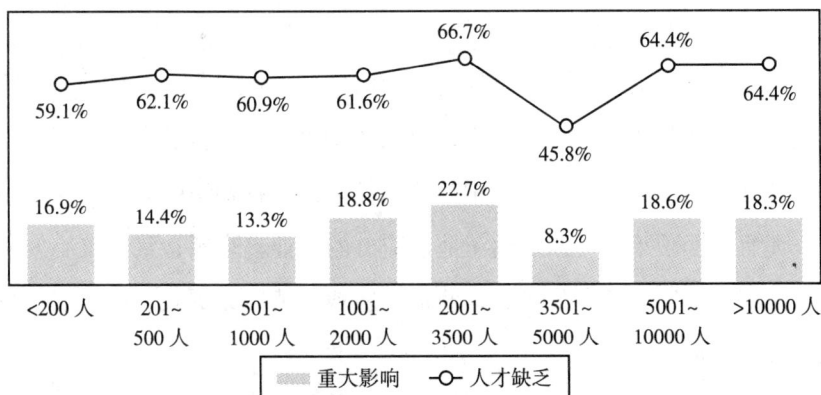

图 2-2　不同规模企业人才缺乏的影响程度

数据来源：中国和致。

二、企业核心人才缺乏的原因

核心人才管理体系建设滞后与企业核心人才缺乏两者之间存在高度的正相关性。核心人才管理职能边缘化和管理体系不完善是造成核心人才缺乏的最大原因。

（1）从企业性质来看，不同性质的企业关键人才缺乏的主要原因均集中在人才管理体系不够完善、薪酬福利水平低、领域内核心人才供给不足、企业规模快速扩张等几个因素。除了企业规模快速扩张外，其他几个因素对于国有、民营企业的影响要大于对于外资企业的影响。民营企业由于雇主品牌影响力低，以及自身战略发展规划不够明晰，在人才争夺战中处于明显的劣势。外资企业面对中国本土企业的崛起，频遭"挖墙脚"，人才储备受到了一定的影响。

（2）从企业规模角度分析，在不同规模企业中，核心人才缺乏的主要原因并没有明显的差异，均为人才管理体系不完善、薪酬福利水平低、业务领域内人才供给不足以及企业规模快速扩张等。在对关键人才缺乏的整体原因分析中可以看到，雇主品牌影响力低、企业发展战略规划不明晰等问题在小企业中较为严重，而在大、中型企业中，则主要面临规模快速扩张、竞争对手"挖墙脚"等方面问题。值得关注的是，人员数量达到 5001~10000 人的企业会出现一个核心人才缺乏的爆发点，除了受企业规模扩张、竞争对手"挖墙脚"等原因困扰之外，薪酬的外部竞争力、招聘能力弱等问题也很突出。

（3）从主观原因分析。

第一，在企业中不受重用，自我价值无法实现。核心人才不同于一般的员工，他们在满足了基本的物质生活后，追求的是可以发展自己事业的平台以及发挥自己才能的机会。而在一些企业中，公司领导由于种种原因对核心人才不敢大胆授权，而且在职位设置上未能给予他们应有的职业自豪感，致使核心人才在企业里没有发展的空间和晋升的机会，使他们感到"英雄无用武之地"，时间一长，人才的流失也就成了必然。

第二，缺乏个人成就感。一些企业内部却存在着这种现象：一些企业领导对核心人才做出的成绩不能从客观的角度给予评估，导致核心人才的工作情绪受到极大的打击，积极性自然会很低落，为以后的离职埋下了隐患。

（4）客观方面的原因。

第一，薪酬福利体系不合理。薪酬是吸引员工并留住员工的一件法宝，如果企业内部员工干多干少一个样，干好干坏一个样，干与不干一个样，赏罚不分明，分配不合理，就会使核心人才感到企业支付的薪酬不能很好地体现其个人的价值，或者是不能正确评估其对企业的贡献，这时，他们必然会选择离开。

第二，缺乏良好的工作环境和团队精神。我国许多企业内部都存在一些不务正业之人，彼此之间勾心斗角、拉帮结派，表面上看企业内部员工是"一团和气"，而背地里却是"乌烟瘴气"，为了一点蝇头小利而争得"鱼死网破"，为了升官晋爵而"尔虞我诈"。在这样的环境中，核心人才又怎能与那些在职场中"呼风唤雨"的"高手"们较量呢？

第三，缺乏有效的核心人才激励机制。我国企业中的一些领导没有注意到激励对挖掘人才潜能的积极作用，而是把人才当成机器一样使用，根本不知道"机器"也有"生锈"的时候，只是一味地要他们"不停地运转"。长此下去，定会导致核心人才身心疲惫，为离职埋下了隐患。

第四，企业的发展前景不乐观。根据企业的"寿命理论"，每个企业都会经历新兴期、成长期、成熟期和衰落期四个阶段，而当企业处于衰落期时，员工的流失率是最大的。

第五，同行业企业和竞争对手的诱引。企业都知道人才的重要，有时甚至会不惜重金和时间从外面特别是从竞争对手那里挖人才。因为他们知道，获得这样的人才不仅可以获知对手的一些秘密，知道他们的运作模式，而且还可以减少外部招聘的成本。他们诱引的人才一般是他们关注了许久的目标，他们知道这些人才的详细状况，于是通过各种渠道挖到人才。

第三节　为何人浮于事与"人才荒"并存

企业实施发展战略，关键在于核心人才。国内外实践证实，落实科技创新与产业转型升级等发展战略，必须要有一批结构合理、配套完善的核心人才队伍。目前，一些企业为实现发展战略，无视发展阶段、产业基础、创新环境和配套条件，盲目引进国内外人才。结果是：人才数量众多，但结构不合理，产业化缓慢；战略措施不少，但多数不能落地。因此，造成了大批人才积压浪费，人浮于事却又不得不面对结构性的"人才荒"等奇怪现象。

虚职过多，是造成企业人浮于事的重要原因。企业是创造利润的"机器"，而这个"机器"一旦背上沉重的人员负担，也就无法转动了。所以，要想让"机器"转动得更快，必须解决人浮于事的问题。

在一些国有企业中，由于现代企业制度建立得还不够完善，计划经济时期的痕迹还没有彻底消除，有的企业为了照顾关系，在一些科室里设置享受某种待遇的虚职。由于这些人没有做出应有的贡献却要拿较高的报酬，不但影响了大多数员工的积极性，而且直接影响了企业经济效益的提高。这类依靠关系进入企业的员工，存在一种懒散思想，认为只要踏进国有企业的门就可以高枕无忧，就可以无所事事地"混"下去，加上所学专业可能与实际工作不相符而无从着手，以至于人浮于事。与此相反的是，一些业务部门仍然因为"混日子"的人太多，难以找到能挑重担、擅做实事的人，继续闹"人才荒"。结果是传统企业体制、政策环境对核心人才的开发利用、合理配置形成了制约，并对企业发展造成了抵消。

在一些民营企业，机构臃肿，人浮于事，效率低下，小企业犯了"大企业病"。上下级之间沟通困难，相互猜疑，勾心斗角，员工体会不到应有的信任、友爱的氛围。员工收入拉不开差距，导致一些干得好的核心员工得不到应有的评价，使他们产生一种不公平的感觉，进而导致核心人才的离职。

第四节　企业核心人才培育的"四大误区"

在市场竞争越来越多地表现为人力资本竞争的今天，培训无疑是企业培养核心人才的重要途径，是打造企业核心竞争力的重要手段。但是，大部分企业对于核心人才培育缺乏正确的价值标准和理念指引，没有从企业战略管理的角度看待培训投入和人才发展，随意性比较大，人才培育收效甚微。

当前，在企业核心人才培育方面，主要存在四大误区。

一、观念层面的误区

（1）核心人才培养是"为他人做嫁衣裳"。企业投入了相当的人力、物力、财力，为员工提供各类的培训与交流机会，培训结束后却有不少员工转投至竞争对手麾下，企业因此却步，干脆不再将资源投入到此项目中。

（2）核心人才培养需要投入的经济成本和时间成本太大，不如进行社会招聘，新员工可以马上投入工作。

（3）培养的人才只能归我所用，不愿让其转至集团公司其他业务单元或者兄弟企业，"单位"保护主义色彩浓厚。这一观念，在某种程度上会降低集团内部人才流动的活力，也阻碍了核心人才视野的开拓与工作经验的积累。

二、战略层面的误区

（1）与企业战略结合不紧，核心人才培育缺乏明确定位。不少企业在组织核心人才培训时，没有认真分析公司发展战略对于人力资源的需求，缺乏对培训工作的深层次思考，在制订核心人才培训计划、设计培训方案以及确定培训内容、形式上没有与企业发展战略相结合，结果是为了培训而培训。表现出来的是：根据上级领导的指示，培训部门简单地应付了事，习惯性、重复性的培训较多；把培训当作员工的福利，经常是来场讲座，外派学习一周等，与主业关联度低的培训占相当比例；把培训当作一种盲目的"救火式"、应急式工作，培训缺乏系统性，无法将培训与核心人才的职业生涯规划和企业长期发展战略相结合，达不到真正激励核心人才的目的，更谈不上将培训制度融入企业文化之中。

（2）只培养某一层次的人才。大多数企业都认识到培养核心人才或者关键岗位人才的重要性，但由于资源所限，未能合理利用，往往只培养高管，这在某种程度上影响到基层员工的积极性。

（3）首席执行官（总经理）不重视，造成核心人才培养推进举步维艰。有的首席执行官（总经理）口头上重视，但在企业内并未充分通过企业文化建设手段来营造良好的人才培养氛围。

（4）核心人才培养未能适应企业的实际情况，忽略了行业特点以及企业所处的发展阶段，盲目开展核心人才培养工作。

三、战术层面的误区

（1）在人力资源制度建设上，一是企业的人力资源管理体系只关注经济数据，未将核心人才培养作为驱动性指标，在人力资源激励体系中并无体现。二是人力绩效管理与薪酬体系中没有设定核心人才培养的"KPI指标"，或有指标，但驱动力度不够，或只重数量不重质量。

（2）核心人才培养不分层次"一刀切"。没有根据员工层级及岗位性质不同进行分层分类，核心人才培养没有针对性，收效不佳。

（3）核心人才培养作为独立模块进行运作，没有与人力资源的其他模块紧密结合在一起，无法发挥协同作用。

四、操作层面的误区

（1）核心人才培养全包化，主要体现在人员编制上，将优秀的人才全部抓在手中，没有充分利用业务单元或合资企业的资源。

（2）核心人才培养的跟踪体系不完善。虽有前期的选拔及培养计划，但后期跟踪不力，没有设定跟踪周期、评核表格等控制办法，往往导致人才培养计划虎头蛇尾。

（3）忽略了对人才培养计划起关键作用的成员。如储备库成员、直接主管、导师和首席执行官（总经理）。若这些关键人物置身事外，未能真正投入，只靠人力资源部的力量，核心人才培养是无法成功的。

（4）衡量人才的标准不一致。没有统一的人才标准，企业便难以保证培养出来的人才真正符合企业需要、可以胜任相应的管理岗位与技术岗位。

（5）强调短期效应，忽略了核心人才培训的潜在价值。由于核心人才培育工作是一项系统工程，其带来的效益可能要等到很长的时间才会显示出来。因此，许多企业并不会结合长远规划确定培训内容、形式等，只重视短期利益，"头痛医头，脚痛医脚"，注重解决眼前的问题。不少企业恨不能短短几天的时间，就使自己的员工从素质到精神面貌都发生根本的变化，希望通过短期培训能解决面临的许多问题。有的企业即便制订了培训的长远规划也会由于资金、人员等因素，或是担心核心人才的流失而搁浅。

（6）过多地讲究培训形式，削弱了核心人才培育的实质意义。当"填鸭式"的单向教学被人诟病时，培训的形式也处于不断创新中。为了改善培训效果，有些企业盲目追随潮流，不根据实际需求，照搬国外先进培训模式和方法，造成水土不服，浪费资源，结果差强人意。

另外，很多企业在核心人才培训中引进了评估机制，但没有建立完善的培训效果评估体系，仅仅停留在培训过后的一个简单的考试，事后不再做跟踪调查，造成了培训与实际生产脱节，存在培训资源的浪费。

【案例】

核心人才培养的困惑

一个企业能否基业长青，稳步发展，不仅看是否具备核心的技术与充足的资金链，更重要的是衡量企业自身拥有多少的核心人才。当下，随着市场经济的竞争日益加剧与激烈，产品的同质化、市场的透明化、信息的公开化，人才的竞争性与重要性显得尤为突出。由于绝大部分企业对核心人才认识的缺失与不足，导致企业发展与人才发展速度产生明显冲突。

为何出现人才发展与企业发展脱离的情况？我们先看一个案例，通过案例分析企业核心人才培养过程中存在的诸多问题。

2014年，C公司启动了轰轰烈烈的核心人才梯队培养项目，精挑细选出15名管理者接受为期一年的训练与培养，最终目标是培养成为各关键部门岗位的接班人。每月接受5门课程的培训学习，一年安排8次，每次1~3天，外聘专家为学员讲授了40多门课程。项目还安排了外部专业导师辅导。

经过一段时间发现，学员的学习情况并非如企业当初所设想的那样理想，这些所谓的核心员工隐隐约约感觉到在日常管理工作中被来自不同部门的同事所排斥。由于出现这种排斥，15名学员反而没有真正意义上去培训与学习，而是花更多的时间去搞人际关系。

一年后，公司未能如愿兑现年初为学员设定的晋升机会及发展目标。与此同时，虽然经过培训的学员理论水平有了明显的提高，但也增加了其跳槽的资本，第二年就有5人因企业内部人际关系问题与承诺问题而提出离职。

企业推行关键人才梯队建设的出发点是好的，但往往结果并非如企业所愿；相反，处理不好会给企业带来灾难性的后果。为何会出现以上管理情况？通过大量的分析与访谈，总结如下：

（1）困惑：关键人才的标准如何衡量？培养计划为何不能光明正大，却要暗度陈仓？未来是能够留住核心人才，还是为竞争对手培养人才？不确定因素太多？

（2）存在的问题：核心人才的定位不清晰，目标含糊；缺乏系统性的人才梯队机制规划与制度支持，各级领导承担责任不明；领路人不是直接领导，而是一般讲师，应用方法不当；缺少内部激励机制的驱动力。老板说你是人才你就是人才，即使你真的是人才，但老板否定了，你就不是人才。

第五节　企业人才队伍建设的"七个问题"

核心人才是企业一线职工的先锋力量，在推进生产技术革新和企业快速发展、促进产业优化升级方面具有举足轻重的作用。打造一支具有高素质和硬本领的核心人才队伍，全面提升核心人才队伍的整体实力，是企业增强自身核心竞争力、提升自主创新能力的重要途径，对贯彻落实科学发展观、实现可持续发展具有深远的意义。

目前，不少公司大力倡导"人才强企"战略，不断加大核心人才的培养力度，推进企业核心人才队伍建设，取得了一定的成效。但我们也意识到，核心人才队伍的建设是一个长期而艰巨的过程，其间难免闯入一些"误区"。

一、核心人才普遍缺乏，供需矛盾突出

企业人才总量不足，核心人才更是严重短缺。核心人才队伍结构不尽合理，核心人才青黄不接且流失严重。核心人才的总量、结构和能力素质已经不能适应企业发展的需要，已成为制约企业持续发展和阻碍产业升级的"瓶颈"。

二、企业对核心人才队伍建设滞后，存在认知误区

企业对核心人才队伍的建设，偏重理论知识、操作技能的培养，忽略对品德态度、责任心、协作能力等"内功"的加强。这容易引起核心人才培养目标的错位，不能充分发掘核心的潜力为企业服务。

三、核心人才获取途径滞后，效果不佳

企业获取核心人才一般是通过外部和内部两条途径：通过内部获取的核心人才，通常比较熟悉工作情况并适应企业文化，但容易引起团队风格过于一致，导致创新能力下降；如果企业从外部获取核心人才，可以取得"鲇鱼效应"，给原来的团队带来新空气和新思维，促进竞争和创新。我国国有企业现有的体制使得企业获取人才的途径比较单一，主要是靠内部提拔，缺少更多外部吸引、招募优秀人才的制度，限制了企业的发展。

四、核心人才结构不尽合理

国有企业的员工，特别是管理层的员工，老龄化比较严重，综合性人才过多，缺乏专业性人才。由于职位限制，很多优秀的新人没有晋升的机会。另外，由于核心人才的缺乏，造成很多技术性工作无法展开。一些国有企业经营者的经营理念更新较难，固有化较为严重，部分专业岗位配备了不懂专业的经理管理，造成工作成果不显著。

五、缺乏科学、合理的绩效评估体系

科学的绩效评估方式，在很大程度上能够促进核心人才工作的积极性、主动性，充分挖掘核心人才的潜力，创造更多的价值。然而，在现有的国有企业运行机制下以及缺乏较为合理的绩效评估体系的形势下，使得国有企业中许多工作是一份工作两个人做，许多员工存在做多做少、做好做坏都一样的心理，这必将导致国有企业官僚之风盛行，拉帮结派，不讲效率和绩效，许多员工只追求个人利

益，忽视集体利益和国家利益，使集体利益和国家利益受损。

六、核心人才激励制度不够健全

科学、合理、健全的激励制度能够激发核心人才的工作热情，有效地留住已有的核心人才，并吸引外部优秀人才的加入。另外，一些国有企业比较注重用物质的手段去激励工程化人才，而对非物质的激励方式重视不足，激励手段较为单一，对员工授权不够，这阻碍了核心人才工作的积极性。

一些企业也在尝试营造"比知识、学技术、争成才"的氛围，强化竞岗机制，但取得的成效不是很明显，有关措施的实施细则缺乏可操作性，最终流于形式，而难以真正起到促进核心人才队伍建设的作用。

七、核心人才流失严重

面对外资企业、国外研发机构优厚的待遇和较好的发展环境，很多企业的高精尖人才选择离开。相对于固化的国有企业人才发展战略，世界500强企业在高科技人才、高级管理人才的利用方面采用了本土化战略，与国有企业形成鲜明的对比。

第六节　核心人才继任管理的"五大误区"

很多企业逐步认识到核心人才的重要性，核心人才继任计划也越来越被作为人力资源管理的重点。近三年，中略咨询就继任人才开发管理问题访谈了上百名中、高层管理者，进而发现企业在继任人才的开发和管理上存在许多误区，其中有五大误区最为常见。

误区一：聚焦单一职位序列，或者单一层级

聚焦在单一职位或序列。比如某家银行企业，每年会针对该企业销售/市场人员定制很多课程，并请第三方机构评估，企业会给选拔出的佼佼者大量的机会到各分支机构去承担一定经营任务。但由于只聚焦于销售/市场，几年之后，这家银行面临的最大问题是运营和技术支持类专业人才严重匮乏。

把"核心人才继任计划"聚焦在单一层级。更为常见的是，企业仅针对中、高层管理者进行继任人才的能力素质评估和开发。从实际调研来看，在这样的环境下，企业各级人才自我发展的意愿都不强烈，因为大家心里都很清楚，公开选拔的机会就这么一次，数量非常有限。这家公司每选拔一次人才，员工的积极性就被打击一次。

以上两种其实更像是"替代人才计划"而非"继任人才管理"，对企业而言是非常不利的。简单地"一个萝卜一个坑"地填空的核心人才计划无法应对组织的战略性人才需求。一旦外部环境巨变，企业必须从战略和组织架构上做出应对，职位的核心价值也会发生改变。

区别于聚焦在个别核心职位或个别人才的替代计划，"核心人才库"系统应该最大限度地囊括企业中各类别、各层次的高潜力人才。核心人才"入库"的评估标准应重点放在通用的胜任素质和潜能的评估上，这些评估标准应来源于代表企业文化的全员核心胜任素质。人才的年龄、经验等方面的要求应该适度放开，允许企业中各层级、各年龄段的人员都有进入其中的机会。

"核心人才库"的规模和范围应该与企业的发展目标相匹配，同时也要考虑到当前核心人才开发的承受能力，毕竟开发核心人才是需要成本的。通过长期实践，我们发现影响"核心人才库"的规模主要有以下三个因素：

（1）中、高层管理者（人才库导师）的人数、可用时间与可指导范围。

（2）企业的组织架构和人才结构。

（3）工作项目和轮岗锻炼机会数量。

误区二：企业无法准确识别出真正的核心人才

首先，对核心人才进行简单化评价：在某集团企业的下属公司里，当年为响应集团总部"人才开发"的号召，制订了一个"管理培训生100"的计划，拟从公司中选出100名青年人才进入到之前的人才库中，为未来企业的发展奠定人才基础。在选用评价工具的时候，该企业仅仅选用了无领导小组讨论和一项个性问卷评估这些人才。这种测评方式虽然在一定程度上能够识别出人才特点，但会造成不适应这种开放式团队讨论的"专才"流失掉。

其次，核心人才评价标准不明确。在某集团公司做人才评估时，过分依赖第三方测评，而自己却没有明确的目标。一个企业连自己想要什么样的核心人才都无法勾勒出来，如何让咨询机构提供"有针对性"的选拔与评价方案呢？

同样，有很多企业在实施继任人才管理的时候，在甄选核心人才入库之初就遇到了困难。各级管理者不愿意"放人"入库，因为入库后经常要参加各类人才发展的活动，会影响各级管理者的工作安排，毕竟选出来的都是好苗子和骨干。这个时候如果有明确的核心人才入库标准，只要符合标准的人员均需要接受潜力评估，那么继任人才管理就成为一种组织机制，而非个人行为了。

因此，企业只有做好核心人才管理中的基础数据工作，才能高效地应用好这个评估系统。

误区三：继任人才开发、管理方案缺乏针对性

"要有针对性地实施核心人才开发"在很多的企业中往往成了一句口号。在企业中，将继任人才开发理解为"上好一堂领导力课"的不在少数。很多企业的负责人、人力资源管理者会把培训当作是关键时刻的"救命稻草"，往往不惜重金聘请管理咨询专家授课。实际上，不同的人才，其"短板"和优势都是不同的，他们更需要有针对性的开发。

在继任人才开发、管理过程中，很多企业领导者迫于市场或业务的压力，把目光全部放在了最终业绩突出的人才上，但对于那些肯花工夫在企业长远战略性、基础性工作方面的人才来说，其工作在当下是不能看出明显成果的。

要想解决这个问题，企业应该从未来继任职位的核心价值和关键胜任力出发，搭建"胜任—开发"人才发展体系。

一个好的人才培养、发展体系应该至少遵循两个基本要素：①多方法和多层次结构；②目标明确并有针对性。因此，企业有必要在实施核心人才继任计划之初，将各管理层级、不同职位的胜任力体系建立起来，并设计基于胜任力体系的开发模块矩阵，让核心人才发展的工作"有据可循、有的放矢"。

误区四：相关培训流于形式，参与人不重视，积极性不高

在一些企业中，很多继任人才在为期一年或者更长时期的开发过程中，会觉得企业设计的"优才计划"流于形式。每次的培养形式就那么几种，导致了参与者很难对这项工作引起足够的重视，尤其在未来继任目标尚未明确的情况下。

继任人才并不清楚自己有哪些选择。很多核心人才开发、管理计划设定的周期很短，或者缺乏长远的计划和安排，而且经常是阶段性地"走一步看一步"。继任人才有的不知道自己有哪些选择，以为就是听听课，或者是某人一时间拿到了太多的选择，以为什么都要马上掌握。

学习计划缺乏吸引力。这是核心人才开发工作流产的最常见原因之一。很多继任人才本身也是企业中的骨干，承担了组织中最核心或最繁重的工作，如果一项行动计划中没有引入吸引他参与的内容和人，那么最终这些行动计划只会是纸上谈兵。

管理层没有积极参与。回顾失败案例，我们发现无一例外的不是因为管理层对人才开发、管理的行动计划不够重视，就是参与不够，最终结果当然是不了了之。这项工作始终是一个组织最具战略前景的事情，如果企业决策者们不站出来引导大家去行动，那么仅靠人力资源和外部专家之力很难保证能达成最终结果。

后期跟进和强化不够。很多计划在实施前期非常的顺畅并且也能初见成效，但越到后期，行动计划越少、对核心人才培养开发的跟进也越少，以至于继任人才只能在后期"野蛮生长"。

只有将继任计划列入企业战略性工作计划中，并引入更有创意的人才开发办法和措施，才能有效保证继任计划的实施。

柳传志曾说："定战略、搭班子、带队伍"，从中我们不难看出，要想"人才活水滚滚来"，必须把人才开发的工作放到企业战略的"金字塔尖"去看待。

误区五：继任人才计划不是从管理层发起的

由于职能和专业的关系，许多企业的继任人才开发计划的发起方仅仅是人力资源部，这对人力资源部负责人的推动力实在是一个挑战。

以某集团分公司总经理的继任计划来看，涉及四大事业总部、十三个业务条线和六个职能条线，而且这些继任者本身是企业内的高级经理人，承担着重要的任务。如果单由人力资源部一个部门推动，其跨度和难度是可想而知的。一个设计严密的核心人才开发计划通常会被以下的因素影响：①巨大的日常工作压力；②继任者的直管领导并不清楚自己在开发计划中应扮演的角色；③导师指导的匮乏；④各业务单元对计划的认识不一致；⑤人才开发资源匹配不对或不足等。

影响一个继任计划的因素很多，但往往最根本的因素是各级负责人是否参与并主导这个计划。对于任何一家希望成为百年老店的企业来说，最高决策层的推动力是这项具有全局战略性工作的核心驱动力。

中国企业经历了一轮又一轮的"野蛮成长"，越来越多的企业发现，在这个经济环境瞬息万变的社会中，企业之间对各类资源争夺日益剧烈，很少有企业保证自己对资源的控制占有绝对的优势。这时候，企业最有把握能牢牢抓住的资源就只剩下人才。因此，要打造企业的核心竞争力，企业各级管理层要把继任人才的开发和管理作为一项战略性的工作来抓，形成多层次、多结构、多方法的管理体系，才能避免核心人才开发的误区，使企业核心人才真如"源头活水"，滚滚而来。

本章回顾

※ 核心人才是企业人才队伍中高价值的部分，是企业竞争能力和经济效益的主要创造者。他们拥有杰出的经营管理才能、高超的专业技术能力和丰富的操作经验，在关键岗位上对员工队伍发挥着引领作用。

※ 核心人才是企业核心竞争力的创造者和主要载体。但中国企业核心人才的现状不容乐观：一方面，核心人才难以培养；另一方面，核心人才流失十分严重。

※ 人才管理体系与核心人才缺乏两者之间高度的相关性，核心人才管理体系不完善是造成核心人才缺乏的最大原因。

※ 培训无疑是企业培养核心人才的重要途径，是打造企业核心竞争力的重要手段。但是，大部分企业对于核心人才培育缺乏正确的价值理念和指导思想，没有从企业战略管理的角度来看待培训，随意性比较大，收效甚微。

※ 打造企业的核心竞争力，企业各级管理层要把继任人才的开发和管理作为一项战略性的工作来抓，形成多层次、多结构、多方法的管理体系，才能避免核心人才开发的误区，使企业核心人才真如"源头活水"，滚滚而来。

第三章
核心人才认知与甄别标准

【章节导读】

　　核心人才是指拥有企业竞争与发展所需要的核心能力，并且对企业战略实施和战略目标发展不可或缺的人才。核心人才是在企业里掌握着核心业务、处在关键岗位上、控制着企业关键资源、具有"无可替代"的技能或专长、对业绩提升和长远发展产生较大影响力的员工。核心人才是企业可持续获得经营优势的基础，是企业持续发展的"引擎"。

　　但是，对于哪些人是核心人才，企业应具备相应的认知能力、甄别能力和判定标准，是企业培养核心人才的前提和基础。如何确立科学的核心人才判定标准，可以通过建立核心能力素质模型、关键岗位任职资格等途径，采用归纳、演绎、定义以及通过最佳实践的做法确定"标杆"等方式，结合企业战略需求和人才现状等相关信息确立本企业的核心人才标准。

　　企业核心人才的甄别从以下几个方面进行：岗位重要性；关键领域的知识、关键岗位技能或技能与专长的不可替代性和不可复制性；人才对企业资源的掌控度（人、财、物、信息资源）；人才对企业经营和业绩提升的贡献度；人才离开对企业经营和业绩所造成的负面影响。

第一节 "人才观"决定企业的用人理念和标准

"人才观"是指关于人才的本质及其发展成长规律的基本观点。在进行核心人才培养、教育、使用、考核、引进等方面工作中，都受到一定的"人才观"的影响。因此，"人才观"对于人才作用的发挥至关重要。

"人才观"是企业文化和价值观的重要体现。企业领导人需要具有高瞻远瞩的创新开放思维，发文征求全体员工的意见，综合公司全体员工认可的理念，提炼出企业愿景、使命和"人才观"。

"人才观"决定企业用人理念和标准。企业人才招聘依据企业用人标准，而用人标准从操作的专业技术层面来看则依据岗位分析，即明确岗位职责与具体要求。在人才的招聘过程中，岗位职责与要求是指导性依据，实际的操作依据应该是岗位的绩效目标，以及为达成这个岗位的绩效目标而需要的真实能力与素质。根据岗位绩效目标及实现绩效目标需要的能力与素质要求而招聘成功的人才只是有能力、有才华的"能人"，但这样的"能人"能否融入企业，适应企业的文化，认同企业的价值观，决定这样的人才能否长久稳定在企业内，并在自己的岗位上充分发挥个人的能力与才华，在为企业创造价值的同时实现自我价值的提升。

因此，企业用人标准，除专业技术层面的标准外，更重要的标准是以企业价值观相符合的用人标准。在现代成功的企业中，越来越多的企业在人才招聘时，提出了与企业价值观相符的用人标准。如蒙牛的用人标准是：有德有才破格重用，有德无才培养使用，有才无德限制录用，无德无才坚决不用。蒙牛的这种用人标准，正是基于蒙牛的企业文化核心价值观而诞生的。

核心人才是企业创新和发展的根本。建立全面的"人才观"是吸引人才的基本前提，企业建立了正确的"人才观"，树立了先进的切合时代潮流的吸引和使用核心人才的观念，通过描述美好的企业愿景，提供良好的发展机会，制定完整的培训制度，设计合理的薪酬福利，以及构建具有前瞻性的分享机制等科学有效的办法，创造了吸引核心人才的内部条件。同时，根据外部大环境的实际情况，核心人才层次高又稀缺的特点，因地制宜地制定相应的人才策略，并在实际中不断改进、完善。积极落地执行"人才观"，形成了行业优秀人才慕名而来、公司核心人才梯队不断完善、年轻人才快速成长的良好局面。

市场竞争归根结底是人才的竞争。拥有核心人才梯队是企业的根本，是否具有与企业志同道合的人才团队在很大程度上决定着企业的发展和前途。人才是企业所拥有的无形而强大的智力资本，是企业稳步发展至关重要的因素之一。企业提炼出来的"人才观"，决定企业用人理念和标准，在核心人才的选、用、育、留机制方面都深刻地留下"人才观"的烙印，使公司吸引一批批核心人才加盟，克服了核心人才缺乏的"瓶颈"。拥有一支"志同道合"的核心人才队伍，才能为企业的飞速发展打下坚实的基础。

【案例】

D公司是一家综合燃气运营商，一家集团型企业。公司企业精神，"刚健自强、厚德躬行"，既是企业的精神，也是对人才的要求，可以充分地阐述企业的"人才观"，如图3-1所示。

企业精神		
刚健自强	勤奋	勤奋敬业、勤于工作、勤于学习、勤于创新、勤于开拓
	务实	强烈的事业心和责任感，兢兢业业做工作，扎扎实实抓落实
	创新	创新精神去思考，推陈出新，勇于实践
厚德躬行	孝敬	孝敬父母、尊敬身边的人
	忠义	忠诚无私，尽心竭力。"忠"即是要忠于国家、事业、企业，忠于自己的选择。"义"是要讲原则。做事公平、公正、公开，秉公办事，有正义感
	礼让	价值取向为"和谐"，讲团结，讲敬重，懂配合，思想一致，力量集中。接纳和追求进步的思想品德
	感恩	心存感恩，乐于奉献，具有主人翁精神，热情为他人服务
	包容	胸襟广阔，博爱，包容与坦荡地面对不同的事与物

图 3-1 某公用事业服务企业的"人才观"

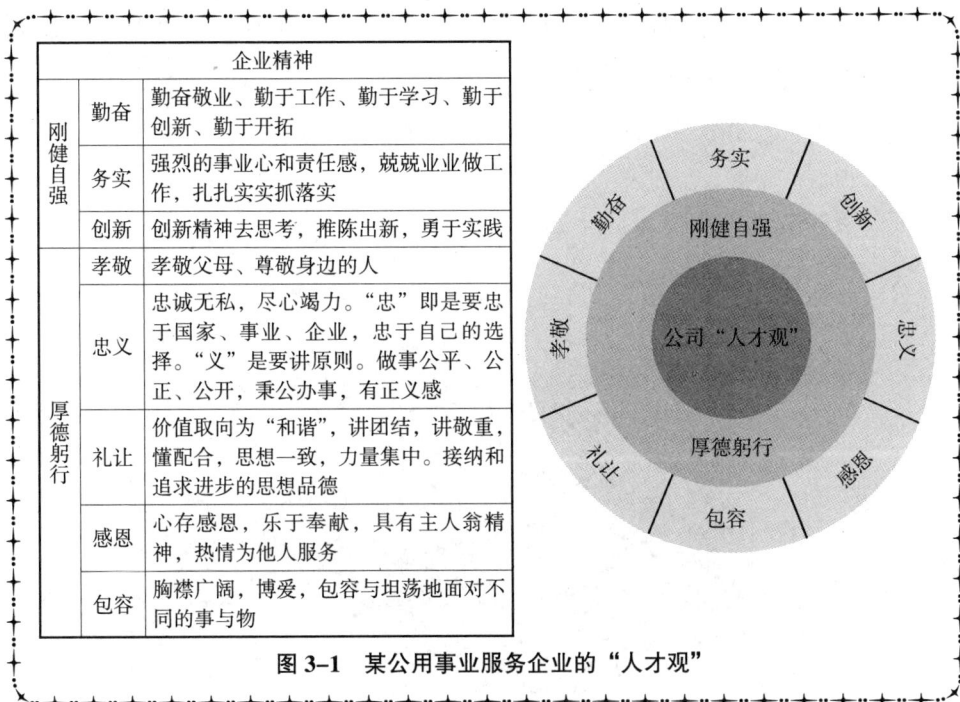

第二节 摸清"人才家底"，全面认知人才现状

实施"人才战略"，企业必须摸清"人才家底"。同时，以战略为导向，预见核心人才需求。对核心人才需求进行引导、调控，优化配置，实现企业人力资源在数量、质量及结构方面的基本平衡，从而满足企业发展对人力资源的需要，最大限度地发挥人才资源的整体效能。

企业通过对自己当前的人才现状进行分析，发现存在的主要问题，为人力资源规划的优化方向奠定基础。

全面认知人才现状，主要分析人才队伍总量分布现状，人才结构现状（包括年龄结构现状、学历结构现状、职能结构现状）；人力成本效益分析现状（包括人均人力成本现状、人均能效现状）。

我们就以 A 公司为案例，说明人才现状分析。

一、员工学历结构

公司总部员工学历结构如图 3-2 所示。

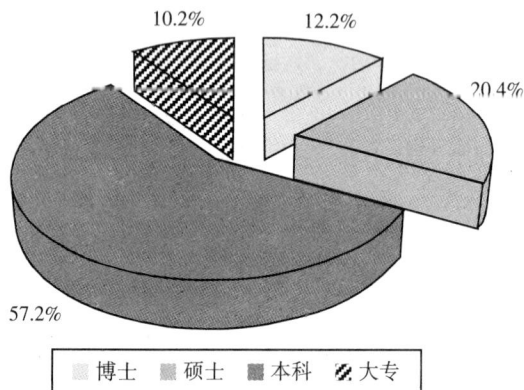

图 3-2 某公用事业服务企业的员工学历结构

从图 3-2 可知，公司总部 90%的员工学历在本科及以上，硕士及以上高学历人员约占 1/3，人员整体学历较高，与公司总部作为管理平台和管理中心的定位基本吻合，未来可持续优化，达到全员为本科学历以上的目标。

二、职能结构现状

将公司总部人才队伍按经营管理、专业技术和操作技能分为三大序列，三大序列人才队伍总量和各自比例，如图 3-3 所示。

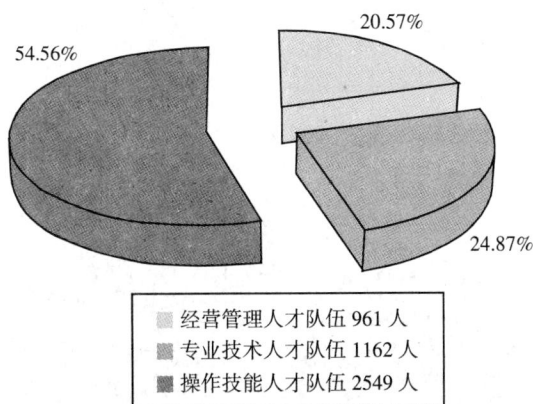

图 3-3　某公用事业服务企业的职能结构现状

54.56%　20.57%　24.87%

- ▨ 经营管理人才队伍 961 人
- ▨ 专业技术人才队伍 1162 人
- ▨ 操作技能人才队伍 2549 人

三、员工年龄结构

公司总部员工年龄结构如图 3-4 所示。

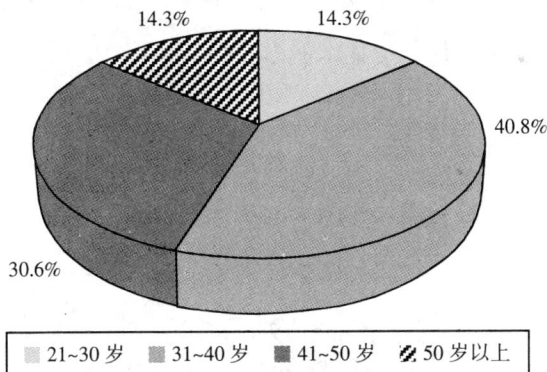

14.3%　14.3%　40.8%　30.6%

▨ 21~30 岁　▨ 31~40 岁　▨ 41~50 岁　▧ 50 岁以上

图 3-4　某公用事业服务企业的员工年龄结构

从图 3-4 可知，公司总部 72% 的员工年龄在 31~50 岁，呈明显的"老、中、青"梯次分布，30 岁以下的和 50 岁以上的各占 15%，表明年龄结构分布较为合理，总部集聚了一批稳重成熟、具有丰富实践经验的管理人才和专业人才，与总部定位和人员要求基本吻合。为建设强力总部，未来应进一步降低 30 岁以下员工比例，继续增加 31~40 岁人员比例。

四、员工职称结构

公司总部员工职称结构如图 3-5 所示。

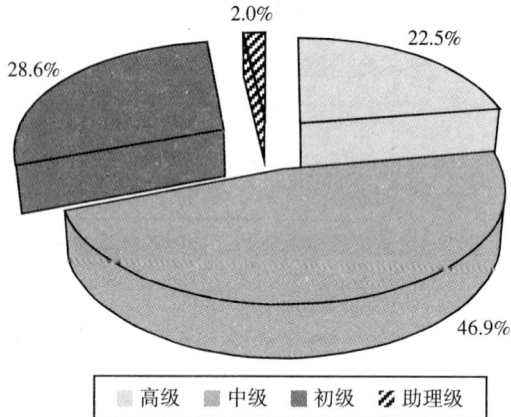

图 3-5 某公用事业服务企业的员工职称结构

从图 3-5 可知，公司总部 70% 的员工具有中级及以上职称，表明职业技能结构分布较为合理，员工整体专业技术能力较强。

五、员工工作经验结构

公司总部员工工作经验结构如图 3-6 所示。

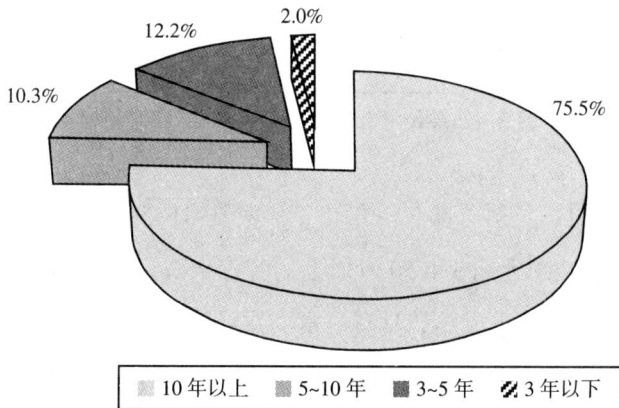

图 3-6 某公用事业服务企业的员工工作经验结构

从图 3-6 可知，公司总部超过 2/3 的员工具有 10 年以上工作经验，3 年以下的不足 2%，人员整体工作经验较为丰富，与公司总部作为管理中心对人员的要求基本相符。未来应进一步降低 3 年以下工作经验的员工比例，达到总部全员工作经验至少在 3 年以上的目标。

六、员工专业匹配情况

公司总部员工所学专业与本职工作匹配情况如图 3-7 所示。

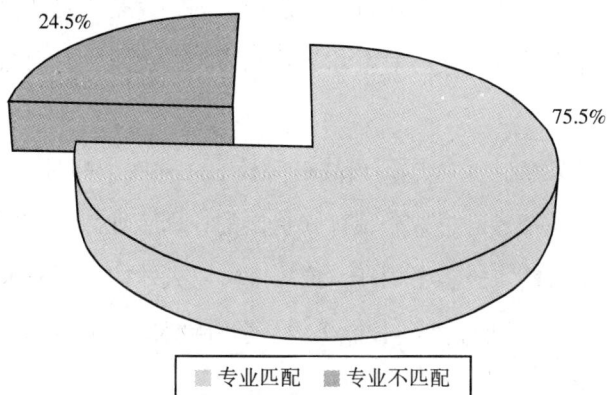

图 3-7　某公用事业服务企业的员工专业匹配情况

从图 3-7 可知，公司总部有近 3/4 的员工所学专业与本职工作相符，但值得注意的是，有近 1/4 的员工非专业出身，与公司总部专业化、系统化的要求不尽相符，未来应注意改进。

第三节　满足战略需求是人才发展规划的起点

由于公司战略目标往往立足现状又高于现状的事实，几乎所有组织的战略目标都会对人才提出新的、更高的要求，这使组织人才供应现状无论在数量上、结构上，还是在质量上，都会与企业战略的客观需求存在一定的差距。我们要明确公司战略对人才的需求，然后通过战略性人力资源规划缩短这一差距。满足企业战略对人才的需求是人才发展规划的起点。

人才发展规划，就是要满足企业战略对人才的需求，为企业发展战略的实现提供连续不断的有效人才供给。企业战略决定了特定的核心人才需求，这些核心人才通过完成一定的任务而实现公司的战略目标。

企业战略客观上决定了对人才的需求，缺什么人才是由企业发展战略决定的，即战略导向。按照战略需求进行人才发展规划，就是满足战略对核心人才的需求；内外部人才供给符合战略对人才数量和质量的要求，是对战略实施的人才保障。

我们通过一个案例，系统地提出战略对核心人才在战略规划周期内的需求；这一需求的提出，通常是通过战略预算来提出的，即企业战略制定之后就需要规划战略需求，提出战略实施各个周期（或年度）对人才的全面需求。

（1）需要什么人（专业类型、技能等级、学历要求、年龄要求、性别比例等）。

（2）需要多少人。

（3）可能增加的人力成本（薪酬体系）。

（4）什么时候需要。

（5）需要优化哪些人力资源政策、体系和机制。

【案例】

如何满足公司战略对核心人才的需求

D公司是一家综合燃气运营商，为确保上市，需要实现区域内燃气业务整合，到2016年实现销售收入60亿元，净利润6亿元的宏伟战略目标。

为满足企业跨越式发展对核心人才的需求，D公司根据企业战略，有效地运用及开发核心人才，确保企业未来对于人才在数量和质量上的需求，优化企业的人才结构，建立匹配企业战略与业务发展的核心人才队伍。在 D 公司，企业战略对核心人才的需求，体现在如下几点：

（一）企业战略对核心人才总体数量的需求

到 2016 年，预计 D 公司的业务总量和供气范围将持续扩大，员工总体数量也将随之上升。随着内部管理能力的提升，劳动生产率（人均产值）也将随之上升。因此，D 公司未来的核心人才总体数量将与实现产值和劳动生产率紧密相关。

（二）企业战略对核心人才队伍专业的要求

燃气行业的"井喷"式发展，使得燃气工程、燃气设计、燃气热能供应等专业技术人才在全国范围内十分紧俏，而具有较高水平的技术专家、具备行业管理经验和技术功底的复合型人才业内普遍存在短缺。D 公司在上游气源价格和销售价格相对刚性的产业链中间，进行业务做精做透和区域市场整合，拥有一支结构合理、专业配套、层次科学、素质优良的人才队伍是成功的必要前提。

（三）企业战略对人才质量的需求

D 公司根据企业的整体战略规划对人力资源进行通盘考虑，根据需要达成的企业发展战略目标，满足企业发展战略达成对人才质量的需求。充分发挥高层次、高技能关键人才在企业发展中的引领作用，重点引进、培养一批综合素养高、开拓能力强的复合型管理人才，一批技术水平高、创新能力强的专业技术人才，一批技艺精湛的高技能人才，统筹推进各类人才队伍建设，并保证企业和员工共同发展。

（四）企业战略对人才结构的需求

D 公司建立与公司战略相一致的人力资源规划体系，对公司发展所需要的各类人才，尤其是关键人才进行科学预测和规划，使各类人才结构合理、优势互补。通过优化企业的人才结构，建立匹配企业战略与业务发展的员工队伍，满足企业战略的达成对人才结构的需求。

（五）企业战略对人力成本的需求

D公司根据企业战略，为了配合低成本的企业战略，人力资源在规划时突出强调在人力资源取得、使用、调整等环节的有效性、低成本性和极小化的不确定性。D公司为了控制人工成本，严格控制员工数量，所吸引的员工往往是技能高度专业化，强调具有技术上的资格证明和技能。在人员招聘上，为了节约成本，稳定员工队伍，调动员工的积极性，为企业内部员工提供发展的机会，公司采取从内部招募的办法。通过一系列人力成本的管控，满足企业战略对人力成本的需求。

（六）企业战略对人力资源管理政策、体系与机制的要求

D公司充分吸收外部先进管理经验，积极完善人力资源管理基础，形成一套相对完整和成熟的人力资源管理政策、体系，人力资源管理机制和流程较为完善，对战略和业务支撑能力较强。客观地讲，D公司对人才的认识、配置、使用和管理处于高位水平，能够满足企业战略对人力资源管理政策、体系与机制的要求。

第四节　企业核心竞争力的关键在于核心人才

核心人才对企业发展具有重要的推动作用，这给广大企业带来了相关的机遇，同时也带来了较大的挑战。企业对于人力资源开发工作方面有很大投入，目的在于提升核心人才的能力，做好核心人才队伍建设，从而促进企业发展。

核心竞争力能够使企业持续开发新产品和拓宽市场。而技能与知识的结合都承载和体现在核心人才身上。由此可知，核心人才是形成企业核心竞争力的基础。企业提升核心竞争力，必须建立在发掘核心人才优势和潜能之上，核心人才

的能力水平决定企业核心竞争力的大小。

对企业来说，必须认识到核心人才对企业打造和提升核心竞争力的制约作用，认识到核心人才与企业核心竞争力形成和发展的密切关系，并采取积极措施，最大限度地开发以核心竞争力为导向的员工能力。核心人才的能力开发与核心竞争力建设究竟有什么必然联系呢？具体来说主要有以下几点。

一、核心人才的能力是形成企业核心竞争力的保障

核心人才的能力开发是企业提升核心竞争力的根本，核心人才的能力是形成企业核心竞争力的保障。因此，企业应积极构建科学有效的核心人才引进、培养和使用机制，拥有一批具有战略决策、技术创新和营销管理的高素质、高能力的核心人才队伍。同时，通过系统的能力开发工作，最大限度地开发企业的核心人才，提高员工的核心人才素质，调动核心人才的主动性和创造性，提升企业的核心竞争力。

二、核心人才的能力决定核心竞争力的可持续性

现实中，有的企业依靠专业化大规模生产，有的企业依靠新、奇、特的策划取得了暂时的优势。然而，想要获得可持续的核心竞争力，必须要依靠高水平的核心人才。核心人才是企业生产力的能动因素，是企业从事生产、经营活动的主体，是企业发展和创造财富的动力源泉，核心人才的能力是企业的力量所在。

管理者要把核心人才看成一种资源，而不是简单地当作成本来看待。企业的核心业务需要依靠核心人才去完成，企业战略管理及战术执行力问题都围绕核心人才开展，所以企业要打造并保持自身的核心竞争力，达到提高效率和效益以及战胜竞争对手的战略目标，必须注重核心人才的能力开发工作。

当前，企业间的竞争已转向知识和科技的竞争，从根本上讲是知识与科学技术的"承载者"——核心人才能力素质的竞争。很多企业都意识到应通过创新活动建立自己的核心竞争力，但事实上企业组织在生产作业系统、财务管理、质量控制和销售服务等方面的创新都非常容易被竞争对手模仿，只有在核心人才能力

开发管理方面的创新是很难如法炮制的。所以，核心人才的能力开发与管理，不仅对企业建立核心竞争力而且对企业维持核心竞争力都具有重要价值。

三、企业核心竞争力的培育过程是核心人才能力的开发过程

企业核心人才的能力开发，自始至终伴随着企业核心竞争力的培育过程。核心人才能力的开发是为了全面实施企业的发展战略、不断增强企业核心竞争力而对核心人才的智力、知识水平、技术能力进行开发与提高，对核心人才的敬业精神进行培育的全过程。

四、核心竞争力的发展依赖于企业进行核心人才能力开发

核心人才的知识技能是企业核心竞争力形成的基础和源泉，因此，企业核心竞争力的发展需要企业加强对核心人才的能力开发进行投入，以促进其持续地学习和积累新知识。这是因为，企业进行核心人才能力开发，有利于提高核心人才捕捉、利用新知识的能力，从而把对企业现在或未来发展真正有用的知识选择出来，建立知识库，实现知识共享，提升企业的核心竞争力。

同时，核心人才能力开发也会增强核心人才及企业对外部环境变化的反应力，使其及时观察原有工作的缺陷，对客户需求及外部机遇与威胁做出能动的反应，制订切实可行的行动方案，以不断地丰富和更新企业的核心竞争力，保持企业持久的生命力。

企业核心竞争力的载体主要是高水平的核心人才。企业只有拥有高水平的核心人才，才能发挥出核心竞争力的效益，进而使企业的影响力变得更强。企业科研人员的能力与水平决定了企业技术创新能力的强弱；企业经营管理人员的能力与水平决定了企业反应能力、营销能力和管理能力的强弱；企业生产工人的能力与水平决定了企业生产制造和连带服务能力的强弱。企业核心人才队伍的整体素质和能力决定了企业核心竞争力和水平。

第五节 "人才库"在人才发展与管理中的重要作用

目前，许多大型公司都建有自己的"人才库"，对员工的业绩、能力和行为进行综合分析，以备将来使用。由此，各种各样的"人才库"的建立方案应运而生。

企业如果能够逐步建立起能进能出、更加开放的核心人才调节机制和更广泛的核心人才网络，那么，当公司内的关键岗位由于公司业务的变动、职位晋升、退休或辞职等种种原因出现空缺时，能够保证有两到三名的合适人选接替这个位置，形成核心人才无断层的效果。同时，还可以做到工作的顺利交接，帮助企业形成"人才磁场"，树立公司招贤纳才的形象，招聘到足够的核心人才。

一、建立"核心人才库"的误区

一些企业制定了长远的"人才战略"，纷纷进行"核心人才库"建设，但这些企业在建立"核心人才库"上存在一些误区。

首先，"核心人才库"不是资料库。很多企业都在建立"核心人才库"，对企业"人才库"的定义、架构、储备的人选、高级管理干部的比例、市场上竞争对手的"人才库"状况、中高级人选的具体情况等都能做到了如指掌，但是仅仅知道这些对于建立优秀的"人才库"是远远不够的。

其次，"核心人才库"不是数据库。数字化的基础设施建设被应用到"人才战略"中来，但很多人片面地认为这是提升人力资源管理的关键，以为建立了系统化管理的模式，就能解决一切问题。从某种程度上讲，它更应该是有效提高工作效率的工具。

总而言之，建立"核心人才库"非常必要，应该维护和发展"人才库"，真正利用科技数字化的系统，对"人才库"的信息进行有效的分类、整理、维护、发展，而且要在信息提取和分析的过程中，调整自身的人才发展策略，最终配合企业的发展，发挥最大的作用。

二、核心人才的甄选

企业后备人才包括两部分：一是外部人才，通过各种渠道收集社会人才信息，录入本企业人才资料库，作为将来人才甄选的储备；二是内部人才，主要指核心人员的培养和选拔。从长期发展的角度看，内部人才的培养是支持企业长期稳健发展的决定性因素。由于核心人才与企业的战略、组织和文化有密切关系，因此，企业的人才标准最好从内部得来。企业要建立起核心人才标准，以此来识别、甄选出具有良好素质基础和发展潜力的核心人才，列入"后备人才库"。企业招聘人员如何在资源有限的情况下选拔出核心人才？以下几个方面可以为企业提供借鉴：

首先，分析人力资源需求制订人力资源规划。企业要有清晰的业务发展和人才规划与战略。基于业务发展的现状与未来，企业需要考虑怎样的职能分工和人员构成才能提升自己的核心竞争力。

其次，对企业来说，最适合的人才是企业需要的。因此，企业在招聘过程中，应该根据候选者的专长，量才使用。遵循人职匹配原则，将有利于企业和员工个人的发展。要选拔出最合适的核心人才，需要有详细的职位说明书与任职要求，需要有人事部门提供具体的任职要求，并配合人力资源部门一起完成招聘工作。在很多专业技术领域，人才的选拔标准是完全不同的，人力资源部门可以通过建立核心人才通用素质模型制定特定人才的选拔标准。对企业关键岗位的不同任职者，特别是持续绩优的核心人才，进行深入的专业访谈，通过信息的对比分析和解码，咨询企业内部业务专家、人力资源工作者、咨询顾问等，提炼出企业优秀人才所必须具备的核心素质要项。

再次，选拔核心人才要未雨绸缪。企业不需要招聘的时候也需要做好相关的准备工作，尤其对于一些高级管理与营销人员等在人才市场很难找到的核心人才，需要企业建立自己的"人才库"进行储备，以及构建稳定、可靠的人才来源渠道。

最后，核心人才选拔方法非常关键。很多企业采用人才测评、面试、评价中心、背景调查等方法对核心人才进行选拔。但由于受时间限制、信息与工作的相关性以及招聘费用等因素的限制，企业一般只能从中选择一种或几种最有效的方法进行人才的选拔。此外，很多企业使用素质测评工具对候选人进行素质测评。

三、通过能力素质模型进行核心人才测评

一般来说，企业主要采用能力素质模型帮助企业寻找与员工个人能力相关的，并能够协助企业提高其绩效的因素。一些企业开始自己建立或聘请咨询公司建立能力素质模型帮助企业进行科学的核心人才测评。企业在建立能力素质模型的过程中，应当注意以下几个方面。

首先，根据公司的发展战略建立能力素质模型。在企业内部建立能力素质模型，其最终目的是为了支持企业的经营发展需要，是为了更好地实现企业的战略，因此能力素质模型必须为实现企业战略目标的实现服务。在设计企业的能力素质模型之前首先审视组织的使命、愿景以及战略目标，确认其整体需求，在此基础上建立的能力素质才能与组织的核心竞争力相一致，才能为企业的战略目标服务。

其次，建立与企业文化相融合的能力素质模型。能力素质模型要体现企业文化对员工的要求，反映企业共同的价值观。能力素质模型建立过程中要关注企业文化和核心价值观，使能力素质定义和行为描述体现企业个性特点，并为员工理解和接受。

再次，获得高层管理人员的支持。高层管理者的支持对能力素质模型的建立具有至关重要的作用。企业在建立能力素质模型过程中，一旦获得高管的支持，就能对其推广和宣传具有极大的支持作用，同时也能保证能力素质模型在相关应用领域实施的示范和执行。

最后，建立专业的人力资源管理团队。能力素质模型的开发和应用需要企业的人力资源工作者对企业管理的基础理论与方法有较为深入的掌握和了解，还需要对企业业务、流程与技术特征具有深入的了解，并对心理学尤其是心理测量等

学科有效掌握，所以企业需要建立专业的人力资源团队以建立能力素质模型。

四、核心人才发展与培养计划

建立"核心人才库"，仅仅是达到核心人才标准的基线。企业必须制订培训计划，对核心人才进行培训提升，使之成为关键岗位的接班人。核心人才培养计划主要是针对核心人才进行有针对性的中、长期培养，培养的手段除学习以外，还要给予更多的机会和授权以及职位轮换调动，等等。

为此，要全面了解每个人的素质特点、长短板、发展潜力等。即经过专业测评，形成评估报告，包括对个体能力素质特点的全面分析。例如，测评过程中所观察到的典型行为，对各项能力的详细阐述等。在此基础上，制订有针对性的培训发展方案，包括培养计划、职业发展规划，以及在实际工作中提升"短板"能力的具体措施。同时，"核心人才库"必须建立起完善的数据管理库，作为用人决策的参考依据。除了每次素质测评、培训评估等数据之外，数据库还应辅以其他方面的数据支持，包括员工绩效考核、态度评价、个人品质等信息。

第六节 甄别核心人才，化解人才供需矛盾

现代企业缺少的不是"人"，而是缺少"有竞争力的劳动力"，即"人才"，特别是缺少既认同企业文化，又能为企业愿景和战略目标达成而努力奋斗的"核心人才"。恰恰遗憾的是，这样的人才，企业却难以从外部劳动力市场上轻易依靠货币优势获得，因为这样的核心人才，不仅在专业能力上超越了同行中其他的劳动者，形成了具备"竞争优势的技能"，而且在精神层面上认同组织的文化，并形成了为企业的战略目标和愿景而奋斗的主观意愿，从而表达出行为的自觉性、主动性和忠诚度。可以说，核心人才是企业发展的"脊梁"，更是企业的未来！

但是，哪些人称得上"核心人才"，企业应具备这种认知能力、甄别能力和判定标准，这是企业招聘和人才培养的前提和基础。如何明确提出企业的核心人才标准，成为解决内、外部人才供需矛盾的核心问题。唯有如此，才能在客观上减少上下级之间、供需之间对能力认知与评价的差距，从而达到提高人才成长速度，降低企业人才流失率。

一、企业人才供需矛盾的"导火索"

在企业中，员工往往更倾向于用"苦劳"（付出的时间和努力）评价自己的价值输出，并常常与处在不同企业里的同学或同事的薪酬做横向对比；而企业则更倾向于以"结果"（岗位绩效）评估员工的价值。为什么会出现许多求职者难以找到工作，而企业却常常招聘不到发展所需要的人才的现象？这是当下人力资源市场上比较突出的供需矛盾。这个矛盾的关键恰恰在于求职者与企业之间对于什么是人才，企业需要怎样的人才，即人才标准理解的差异所导致。

如何确立科学的人才判定标准，可以通过建立核心能力素质模型、关键岗位任职资格等途径，采用归纳、演绎、定义、学习等方式，结合企业战略需求和人才现状等相关信息来确立本企业的人才标准。

企业核心人才的甄别从以下几个方面进行：岗位重要性；关键领域的知识、关键岗位技能或技能与专长的可替代性和可复制性；人才在企业资源中的掌控度（人、财、物、竞争性资源）；人才对企业经营和业绩提升的贡献度；人才离开对企业经营和业绩的负面影响，甚至是企业安全潜在的威胁。

二、企业如何建立"人才评价标准"体系

人才具有高层次人才与普通人才的区别，企业对"人才标准"的界定和评价是人才引进的重要参考依据。一些企业在引进人才上不遗余力，但对人才界定不仅不全面而且不科学，对人才的甄别仅限于既往业绩的评价，强调已有成绩的证明，却忽视潜能评价，导致潜在的高层次人才往往被排除在外。加上企业对人才供应的理想化和人才价值贡献的急于求成心态，导致许多企业长期处于人才匮乏

的状态。众所周知，没有人会怀疑成功后的比尔·盖茨是高层次人才，但是，大学时代的比尔·盖茨辍学创业，按照现行许多人的人才标准是很难被企业界定为高层次人才并且进行积极扶持的。识别和界定潜在的高层次人才对于企业来说，可以极大地降低人才引进成本和减少人才开发浪费。高端人才所从事的前瞻性创新却可以领航企业发展，为企业发展提供无穷的动力源泉。

另外，一些企业的人才评价标准不仅不够明确，而且常常忽视了内部和运作上的管理不规范，对外部人才引进来后求全责备，对人才的主观判定和评价之风盛行。人才评价是引进高质量人才的前提，只有细化人才评价标准，才能做到规范引进人才，既能防止滥竽充数，又能避免埋没人才的现象。

因此，企业可根据目的性原则、可操作性原则和科学性原则，构建集"业绩、能力、贡献、潜能"四位一体的人才评价指标体系。

第一是业绩。业绩考核需基于人才所从事的工作，客观地反映人才的工作成果和表现。作为多层次和多维度的指标体系，业绩一般包括工作效率、工作任务和工作效益三个维度。

第二是能力。能力品质是人才的基本素质。能力大小决定了人才层次高低，高层次人才在专业技能、学习能力、团队合作能力以及管理能力上都应该有更佳的表现。无论是项目管理还是自我管理，高层次人才在管理能力上必须具备战略意识、决策能力和执行力。

第三是贡献。比如，高层次人才就应该在贡献上明确地划定与普通人才的区别。人才具有什么贡献，是评价人才的重要指标。

第四是潜能。潜能是人才的发展潜力，主要针对一些现在尚未做出突出贡献，但是具备发展预期的人才，可以避免"资格论"或者"业绩论"的滞后效应，以前瞻性的眼光评价人才。

因此，根据"业绩、能力、贡献、潜能"四位一体的一级指标，分解出二级指标和三级指标，层层细分，初步形成了包括 4 个一级指标、12 个二级指标和25 个三级指标的人才评价指标体系框架，如表 3-1 所示。

表 3-1 企业引进人才专业评价指标体系

一级指标	二级指标	三级指标
业绩	工作效率	组织效率、管理效率
	工作任务	工作数量、工作质量
	工作效益	经济效益、社会效益、时间效益
能力	专业技能	知识水平、技能水平
	学习能力	学习意识、学习动力、学习效果
	团队合作能力	团队建设、团队精神
	管理能力	战略意识、决策能力、执行力
贡献	行业贡献	行业优化、行业标杆、行业推动
	社会贡献	社会知名度、社会美誉度
潜能	创新思维	合理化建议、创新方法
	创新能力	创新成果、发明专利
	成就动力	进取心、抗挫折能力

三、企业在建立人才标准上普遍存在的障碍

古人云:"千军易得,一将难求。"一名优秀的将领往往具有举足轻重的作用,有时可以决定一场战争的胜负。"二八定律"告诉我们,在企业里往往是20%的人才创造了80%的效益。核心人才的价值可见一斑。

但是企业在人才标准建立上存在一些普遍性问题,体现为:

第一,企业过分看重学历、职称,人才标准机械、片面。博士里面有庸才,工人里面有人才。如果企业制定人才规划、人才战略也按学历、职称进行,将难以培养、选拔、引进和激励真正的人才,路肯定会越走越窄。

第二,假文凭泛滥成灾,病根在于人才标准。企业在评价人才时过分强调学历的作用,致使不少求职者急功近利,想方设法弄一个"高大上"的文凭,给自己贴上一张"人才"的标签,而非努力提高自己的能力和水平。在现行人才标准下,求职者想的不是拼成绩、比贡献,而是拼学历、比职称。

第三,唯既往业绩论。业绩不是判断人才的唯一标准,但一些企业把员工的既往业绩作为衡量核心人才的主要因素,对员工业绩上的要求过于急功近利,从而忽视人才的"行为识别"。

第四，缺乏科学的人才测评环节。比如，潜意识（价值观倾向）测评、职业发展意愿测评、个人发展潜力测评和个人素质测评等。我们以潜意识（价值观倾向）测评为例，通过企业文化建设，管理企业的价值理念，我们可以有意识地促使"个人意识和组织意识"从某一个层次演化到下一个层次。据此，我们就有可能找到改进企业成长及发展方式的新途径。

随着社会的发展，人才的内涵在现实中发生了很大变化，人才标准如不及时校正，势必影响人才甄别、选拔、评价、激励、发展等各个关键环节，进而影响"人才强企"这一基本商业准则的战略性实施。

四、企业如何化解人才供给矛盾

企业化解人才供给矛盾，关键是要明确人才标准的界定。

（一）对人才标准的界定，企业需要走出"唯学历、重职称"的误区，主要强调"两个导向"

首先是能力导向，以创造价值的大小为标尺。企业在招聘员工时，虽然要考虑人才的学历和职称，但更要突出其综合能力和专业水平，从而真正做到唯才是用。因为一个人的综合素质，很难用学历体现出来。如果一位名牌大学毕业生工作 5 年后仍做不出成绩，就很难将他归为人才。

其次是业绩导向，优秀的业绩最有说服力。在竞争环境中，业绩至关重要，因为只有业绩才能把一个人同其他竞争者区别开来。学历只能是人才能力中的很小一部分，最多表明一个人的潜能。在进行人才评价时，不能仅看文凭及其毕业的大学，而要看他给社会做了哪些贡献，有何业绩。

（二）企业需要与时俱进地重建人才标准

人才标准不仅包括"显性"的人才，还包括"潜在"的人才。即企业人才是具有一定的知识或技能，能够进行创造性劳动而为企业做出积极贡献的人。

企业人才至少要包括三类人才：经营管理人才、专业技术人才和操作技能人才。企业按照三大人才序列进行战略性人力资源规划，统筹推进。根据企业战略需要，经营管理序列主要抓好中、高层经营管理人才建设，重点在于优化结构，提升素养，扩大管理幅度，提高管理效益；专业技术序列主要抓好技术专家和高级专业技术人才队伍建设，增加高端紧缺技术人才的引进，储备和培养，奠定企业产品研发和技术创新的人才基础；操作序列重点在于提升操作技能，培养能工巧匠，稳定生产安全运营，加大人员比重，人员结构逐步向标杆企业靠拢并最终超越。

企业可通过组织实施"核心人才工程"，即在企业关键岗位，培养或引进新的、紧缺的复合型管理人才、高级专业人才、创新型高级技术人才、高级操作技能人才，形成专业配套、门类齐全、梯次配备的关键人才群，从而满足企业发展需要。

（三）企业还应学会如何用好"外部核心人才"

通过任务外包、项目合作等方式，弥补当前关键人才缺乏对企业发展的重大约束，因此，企业需要在提高外部人才的使用效率上、机制上、成本上下功夫研究。

"英雄不问出处，用人不拘一格。"在古代，寒舍学子、市井村夫，甚至是"看守城门的门童"都可能是奇人异士。在现代企业，真正检验人才的是市场，是投入产出比。企业对人才的评判最有发言权，因为它是用市场机制的"赛马"形式，不拘一格地选择人才。因此，企业要避免人才标准差异引发人才供需矛盾。建立"人才评价标准"的指标体系和人才发展机制，是企业走出"人才荒"，打破人才供需矛盾的关键策略。

本章回顾

※ 核心人才是指拥有企业竞争与发展所需要的核心能力，并且对企业战略实施和战略目标达成不可或缺的人才。

※ 企业应具备认知能力、甄别能力和判定标准，这是企业培养核心人才的前提和基础。

※ 确立科学的核心人才判定标准，可以通过建立核心能力素质模型、关键

岗位任职资格等途径，采用归纳、演绎、定义等方式，结合企业战略需求和人才现状等相关信息来确立本企业的核心人才标准。

※ 实施"人才战略"，企业就得摸清"人才家底"。同时，以战略为导向，预见核心人才需求。对核心人才需求进行引导、调控，优化配置，实现企业人力资源在数量、质量及结构方面的基本平衡，从而满足企业发展对人力资源的需要，最大限度地发挥人才资源的整体效能。

※ 满足企业战略对人才的需求是人才发展规划的起点，企业战略决定了有特定的核心人才需求，这些核心人才通过完成一定的任务而实现公司战略目标。

※ 现代企业缺少的不是"人"，而是缺少"有竞争力的劳动力"，即"人才"，特别是缺少既认同企业文化，又能为企业愿景和战略目标达成而努力奋斗的"核心人才"。

※ 哪些人称得上"核心人才"，企业应具备这种认知能力、甄别能力和判定标准，这是企业招聘和人才培养的前提和基础。

第四章
核心人才复制的最佳实践做法

【章节导读】

企业通过建立核心人才发展体系，将核心人才开发与复制的理念、策略和方法形成制度化、标准化的人才培养模式，对标一流企业的核心人才复制与发展体系，参考著名企业的核心人才复制最佳实践做法。通过建立核心人才复制系统，精心设计核心技能培养目标，以及将HR的管理思想、管理工具兼收并蓄于一起，同时通过运用系统、规范、前沿的核心人才培育制度和工具，达到快速复制出核心人才之目的，最终建立起企业强大的"核心人才复制系统"。

第一节　企业为何需要核心人才复制

根据麦肯锡咨询机构的一项调查显示：中国市场上高素质的人才，远远不能够满足当前企业的需要。而人才市场的供不应求，则导致了核心人才的争夺战和核心人才的高流失率，个别企业的核心员工流失率甚至高达70%。面对人才困境，许多中国企业的CEO常常感慨："优秀人才用时方恨少。"很多企业在人才的投资上过于短视，将太多的精力投注到业务经营层面上，忽视了核心人才的培养，当他们雄心勃勃地要实施发展战略时，常常会尴尬地发现：自己的中、高级经理虽然对组织抱有很高的忠诚度，执行力也不错，但缺乏更高层次的战略思维和领导能力，不堪大任。

企业难以招聘到合适的优秀人才，唯有自己复制！好不容易培养一个优秀人才却跳槽了，唯有建立核心人才复制体系！"复制"指核心人才批量培养，批量培养经营管理人才、专业技术人才、关键操作技能人才等。

【案例】

企业为何连番失去核心骨干

经过一个多小时的面谈，E公司的人力资源部刘经理目送着又一名应聘者离开，这已是招聘高级结构工程师的第四个应聘者了。刚刚离开的这位应聘者，虽然在其他电子企业也有一定结构设计工作经验，但还是无法胜任E公司目前紧迫的设计开发工作。刘经理觉得还需要猎头公司继续推荐，随手拿起电话："喂，李经理在吗……"

> E公司是一家汽车电子企业，开始主要从事家用电子产品，后转向汽车电子的开发、制造和销售工作，产品主要面向中国及亚太市场，目前正式员工有800多人。2014年，企业用工需求上升，公司上半年的流失率又开始反弹至20%。公司的销售部、市场部、设计开发部的经理人员和技术工程师的主动流失率最高，而这些部门的人员流失是E公司不愿看到的。另外，其他中层管理人员也不太稳定，平均入职时间不超过3年，有的甚至入职不到半年就主动离开了。让刘经理比较烦心的是这两类人在人才市场非常缺乏，很难找到比较合适的。有时候，刘经理想通过降低招聘标准来满足用人需要，但这会招致分管人力资源工作的副总经理批评，也得不到相关部门的认可。
>
> 由于关键部门和岗位的流失率高，E公司被其他的竞争对手形象地比喻为"黄埔军校"。如何制定有效的策略和措施来保留核心员工已经成为企业亟待解决的问题。

第二节　如何构建核心人才复制系统

企业如何在白热化的"人才战"中脱颖而出？如何快速打造强悍的核心人才队伍？我们在思考这些问题的同时，也要认识到，只有通过运用系统的、历经考验的、操作性强的核心人才复制思想与方法，才能帮助企业建立起强大的核心人才复制系统！

核心人才复制系统包含五个环节。

一、推动高层领导重视不容忽视

培养核心人才的关键在于企业的高层领导重视并持续地投入资源，他们对核心人才培养的态度以及实质性的投入，会直接影响到中层经理们的态度和行为。企业需要什么样的核心人才？如何培养适合需要的核心人才？建立什么样的人才管理文化？高层领导的直接参与对这些问题有决定性的影响。领导层把人才培养作为自己的关键任务之一。他们在核心人才培养中的角色主要体现在两个方面：

第一，可传授的经验与观点。这些领导基于他们个人的成长和工作经验，通过自我反思，总结了一套自己深信不疑的、有关企业成功所必需的人才特质的可传授观点。例如，联想集团创始人柳传志认为高级主管最重要的任务就是搭班子、定战略、带队伍。在这个"可传授观点"的要求下，联想的高级主管将30%的时间用于人才管理，并通过"咖啡时间"与经理们沟通，通过"午餐会"与员工共餐，更多地了解人才；资深经理担任内部培训讲师；直线经理在日常工作中指导下属，帮助他们制订个人发展计划，并为提升他们的能力创造机会。

第二，时间和精力的直接投入。领导层不仅要提出"可传授观点"，还要以身作则，以实际行动推动人才培养。例如，参与评估和选拔人才，担任内部讲师给人才授课，在实际工作中辅导人才，定期回顾核心人才培养的进展，并不断改进核心人才培养的绩效。值得注意的是，对于人才培养的直接参与，许多企业的领导却经常言行不一。调查表明，尽管超过八成的企业领导人乐于承认人才管理是第一要务，但只有1/5的领导人承认他们在该方面花费了时间，只有1/10的领导人会定期回顾人才管理的进展。

二、建立核心人才选拔机制

企业可根据各层级的要求，开发出系统的能力模型，明确各层级主管所需的专业能力、核心能力或特质。能力模型的建立可以帮助企业系统地选拔和培养核心人才，而不是依靠各层级主管的主观判断和经验去遴选和培养人才。客观和清晰的标准是选拔核心人才的基础，它决定了未来领导人才的素质；透明和客观的流程则确保了核心人才选拔的公正性。企业在核心人才的选拔标准和流程体现如下：

（1）领导层积极参与核心人才选拔。最高领导层清晰地传达企业成功所需要的人才，并积极参与人才的面试，定期回顾核心人才选拔和培养的进展情况。

（2）能力要求和业务需求相一致。将企业战略分解为对核心人才的具体要求，开发相应的领导力模型和适应不同职能领域的专业能力模型，根据企业成功所需的关键能力制定招聘的流程和选拔标准。

（3）核心人才评估工具多样，标准依数据来制定。为了避免主观、随意，企业通常运用多种基于事实的评估手段，如回顾过去 2~3 年的业绩表现、360°反馈、评估中心等。这样多角度的评估方式客观、全面，便于领导层了解人才的潜力，也便于人才发现不足并加以改进。

（4）跨部门、跨事业部地比较人才。不同的评估者有不同的评估视角。如果一个部门的主管在企业内位高权重，或者人才选拔的尺度较为宽松，容易导致该部门的员工比其他部门的员工得到更多的发展机会，造成整个企业层面人才选拔和发展的不公正。

（5）清楚地沟通选拔的标准和流程。这样可以让员工感受到企业透明、公平的企业文化，看到努力的方向和未来的前途，从而充满动力。当员工不了解这些时，他们通常不信任企业。对于核心人才，企业也要清楚地沟通了解他的强项和弱项，以及下一步的发展计划，以免他的期望和企业的安排出现巨大的落差。

三、构建科学的核心人才培训体系

中国一些企业都为员工提供一些培训课程，但培训的定位是否明确和系统化，是否符合人才的需求，高级主管是否积极参与，培训方式是否合适，培训后如何满足人才的更高期望等问题却没有考虑周全。在这方面做得好的企业，通常它们的培训体系能够做到以下几方面。

（1）针对核心人才的能力要求设计培训项目。培训做到有的放矢，培养出来的人方能功力扎实、能力平衡。如果没有明确的目的，员工将培训当福利，反而达不到效果。例如，惠普、壳牌和 TNT 等公司在人才进入公司的最初几年就提供专门的培训，让他们对公司不同部门的运营有广泛的了解。在人才成长为管理者后，公司为不同层级的管理者提供了不同的培训项目，提高他们的软性管理技能。

（2）投入充足的资源开发多种学习手段。为核心人才搭建稳固的学习平台，结合在线学习、课堂培训、经验分享、自我学习、教练反馈等不同的学习方式，提供内部培训机会和外部的培训资源，让核心人才更有效地提高能力。

（3）培训和实践有效结合。有效培训的内容不能脱离企业运营的环境，否则会造成资源的浪费。企业在设计培训项目时包含实际运用的成分，让核心人才通过特殊项目、工作组等强化巩固所学的理论知识，企业能迅速从人才完成的项目中获益。

（4）清楚地传达培训的目的和期望。有些企业为人才准备了美好的发展蓝图，却没有和人才及时沟通，从而导致核心人才的流失。企业需要由人才的上司、负责人才职业发展的主管或人力资源部和他保持沟通，将核心人才个人的发展计划和企业对他的期望有机地对接起来。

（5）选择最佳的培训时间。当核心人才的职位或职务有变化时，这是最好的培训时间。通过适时的培训，核心人才得到新岗位所需的工作能力，并能够马上学以致用。提前培训或错过了培训时机，效果只会适得其反。

（6）领导以身作则、教学相长。好的领导都应该是好的"老师"。他们不仅可以讲授专业领域的知识，还可以和人才分享他们在经营管理中获得的经验。通过这种方式，领导者为人才树立了鲜活的榜样，而且在潜移默化中层层传递着公司的企业文化。

四、为核心人才提供实践锻炼机会和平台

经验是最好的"老师"，实践中学习是人才成长最为快捷的方式。赋予核心人才新的工作职责、更广的工作范围、更艰巨的任务，可以激发核心人才的潜力，加速他们的成长和成熟。企业在给予核心人才挑战时，必须提供及时的培训

支持与工作辅导，以免"揠苗助长"。例如，由直属上级对他进行日常指导、为他指派导师，从而为人才提供"安全网"，避免人才成长止步于严重的挫败感。此外，为了给核心人才提供更全面的发展视野，企业还必须克服"山头主义"，让核心人才跨部门、跨事业单位或区域流动，我们应该提供两种"机会"给予人才的发展。

（1）提供具有影响力的发展机会。对于核心人才需要发展的领域，赋予他这种机会，对他的成长有相当大的帮助。有些企业要培养未来的总经理，但却没有给候选人提供不同职能的工作轮调和管理员工的机会，这样他的成长就很有限。

（2）利用多种实践锻炼的发展机会。例如，跨业务部、跨地区、跨职能的工作机会有利于核心人才了解企业运营的方方面面，培养全面管理的能力，并建立宽广的人脉。特别项目或任务小组等短期项目，是核心人才在常规工作之外的任务，可以帮助人才迅速了解其他职能领域，在公司内部有更高的曝光率。再比如，给予年轻的高潜力人才职业见习的机会（担任总裁助理等），可让他了解总裁的日常工作，学习总裁的工作方式和管理技能。此外，跨价值链、跨区域的人才互换，这种安排有利于双方人才拥有更广阔的视野和更丰富的工作经验；对于走全球化路线的公司，还可以实施人才海外派遣项目，以培养他的全球视野。

五、建立可量化的核心人才评估体系

核心人才培养必须定期回顾，并且对关键的业绩指标进行跟踪和评估。这会加强企业各层级主管对人才培养的重视程度，切实贯彻执行，避免主管只顾忙于短期业务目标的达成，而忽略了长期的核心人才梯队建设。

一些针对主管经理的衡量指标包括主管人员的管理能力（根据直接部属的反馈）、领导力的有效性（根据员工问卷调查，以部门反馈为单位）、能否培养本地人才接替外派人员、向其他部门输送的人才数量。

针对公司/事业部的关键业绩指标包括按照接班人计划继任的核心人才数量、核心员工留任率、内部应聘和外部招聘员工的比率、人才本地化的比率、关键岗位接班人的比率、已经达到继任要求的人才等待被提拔的时间，等等。

【案例】

核心人才复制是一项系统工程

F公司是一家机电工程公司，拥有1400名员工，随着公司的快速发展，已经完成了组织架构搭建、核心经理人培养项目的设计与启动等工作。新的一年，F公司的工作重点是建设全面的人才培养与认证体系，其中不乏创新之处。

（一）企业战略落地先行

F公司制定了战略目标，并明确投资和开发业务齐头并进的发展方向。如何培养出匹配战略的核心人才，成为F公司发展的核心工作。

F公司的做法是想方设法促使战略落地。主要表现在三个方面：

（1）在组织结构上，F公司下设三个中心，分别是总经理速成认证中心、文化教育中心和技术培训中心。

（2）在管理方式上，F公司采用扁平化管理模式，实行项目制运营与管理，每一名员工都会参与多个中心的工作。

（3）在部门合作上，F公司各个部门合作进行课程研发，开设了营销、工程技术、成本等专业总监班。

（二）构建人才培养与认证体系

2015年，F公司提出了总经理接班人规划。为了配合集团的人才战略，F公司把建立全面的人才培养与认证体系列为2015~2016年度的战略目标。具体的工作思路是：

首先，对于人才素质模型的构建，F公司高管的参与十分必要。F公司启动"决策层和管理层核心岗位任职标准梳理工作"，F公司在未来5年战略规划中提出了人才素质总体要求，并支持集团人力资源部与第三方咨询机构进行素质模型访谈工作，促成了模型的最终发布。

其次，对于"核心人才盘点"，F公司将全面"人才盘点"作为必须进行的年度工作，并与年度战略回顾、年度经营计划及年度预算协同推进。也就是说，各级管理者要主导本业务单位的"人才盘点"，按照不同年限详细列出对应的接班人，"盘点"结果将作为年度选贤用人的重要基础。

最后，建立的素质模型和后备人员体系，对后续的人才培养及认证具有关键作用。

在人才培养方面，F公司重点关注三大类人员：F公司的核心经理人，通过相关关键项目，分别储备总裁后备、项目总经理后备等；项目骨干经理人员；各类专业岗位的骨干人员，他们启动了成本、营销、客服等各类专业总监班项目。这些学习项目培训周期均在一年以上。

集中学习完成后，F公司还以"专业和组织知识、能力、潜力、个性"与"关键经历"为基础的"4+1"测评模型，对上岗的人员进行综合测评。F公司也关注学员的关键经历，看他们如何在业务实践中获得成功的经验。

（三）从理念到学习方式的革新

在人才培养及认证体系建设之初，F公司坚持的理念是"人是要用的"。因为企业更看重培养出来的人能否上岗，即使不能上岗，学员通过培训获得能力提升也是可以的。后来，人才理念逐渐聚焦，更加强化人才盘点与认证，根据业务发展需求，注重案例测评，对上岗认证要求远胜于对知识、能力的把握程度。

此外，基于服务对象（全集团公司的各级核心经理人、骨干员工等），F公司还在人才体系建设与学习活动中做了一些革新。

一是企业高层积极参与人才培养工作。公司高管亲自参与培训授课、评鉴等工作。

二是人才培养项目与业务实践充分结合。通过案例研讨、情境模拟、行动学习、答辩等混合式学习法，将需要多年才能获得的经验压缩在一个较短的时间内，帮助核心人才完成认知建构、能力提升。

三是在项目中采用了大量的创新学习活动。比如，推出"管理工作互助坊"、"业务工作互助坊",对于大家都有可能感到棘手的问题,让专业相近、背景类似的学员进行学习互助,并总结催化;鼓励学员揭榜完成任务,获得学分及活动经费奖励;在制订个人发展计划时,鼓励专业总监及核心经理人互相拜师学习。

（四）核心人才培养的系统性

核心人才培养和复制是一个系统工程,不是简单地培训就能完成的工作。需要重点做好三方面的工作:

（1）搭系统。对于核心人才培养系统的建立和实施,始终考虑整体的系统性,包括从目标制定、管理素质及能力要求的确定、人员选拔、学习项目的设立和实施、在岗实践及最终评估等。这样做的好处是可以一批批地"复制"人才。

（2）思维能力。不论是否需要搭系统,培训管理者自身都要具备系统的思维能力;同时,对于最终的成果,也不应僵化地认为凡事都要有系统的产出。

（3）建联盟。多与企业高管沟通,尝试构建一个有企业管理层参与的联盟体,并使高管承担对下属的培养责任。

这样,有助于切实体现核心人才培训最重要的价值:对企业的战略实施、业务发展起到助推作用,通过知识管理与人才培养,促进核心人才的学习与成长。

第三节 麦当劳:从发展中审视核心人才复制模式

当前,"用工荒"已经严重影响了部分企业的正常经营,这意味着人口红利即将消失，"人才效能管理红利"时代已经来临，培养提升员工企业需要的综合素质、能力，是企业转型升级不可或缺的因素。

如何解决这个问题？"他山之石，可以攻玉。"从麦当劳中国公司1991年进入中国开始，从1家店发展到1400余家店，员工从700人到现今8万多人的发展轨迹，或许可以找到些可资借鉴的经验。

2012年麦当劳被权威机构连续两年评为"中国最佳雇主奖"，也是餐饮业唯一入选"十佳雇主"的餐饮企业。麦当劳中国员工的敬业度分数86%远超于其他雇主的平均分数57%。麦当劳凭什么取得这样的发展速度和成就？

一、核心人才培养是企业快速发展的基础

连锁发展的关键在于系统复制，系统复制的关键在于核心人才复制，麦当劳对核心人才培养的成功起到关键的作用。

如何复制核心人才要回答几个问题：什么是核心人才？如何界定核心人才？如何复制核心人才？如何让被复制的核心人才安心留在公司？如何能够让核心人才持续保持相应的工作业绩？因为人是处在不断变化之中的，所以解决好这些问题，单靠做好某一环节很难起到作用，但每个环节组合起来形成一个系统，通过这个系统的运作，核心人才能够源源不断地被复制出来。那么如何打造这个系统呢？麦当劳人才培养在以下几个方面达到了很高的水平。

（1）明确制定核心人才标准。

（2）招募有潜力的人才。

（3）营造复制核心人才的环境。

（5）建立并执行核心人才培养流程。

二、麦当劳如何明确核心人才标准

什么是人才？麦当劳对人才的定义是能够胜任相应岗位工作要求的人。

餐厅管理组岗位按职级分为5个级别，每个级别从三个方面衡量能力等级、绩效水平、发展潜力。麦当劳又是如何明确人才标准的？

对于管理组的衡量标准，麦当劳建立了一套科学的管理制度，这套制度相当于一把"尺子"，这把"尺子"能够公平地测量每个人的绩效、能力水平。

麦当劳这把"尺子"名为"PDS绩效发展系统"，这套绩效管理系统可帮助员工了解、绩效驱动要素、绩效目标的制定、绩效评估的评定方式、绩效评估等级标准，主要由以下三部分组成。

（1）个人绩效，包括个人绩效计划、年中回顾、绩效校准会、年末回顾。

（2）能力等级，麦当劳根据不同岗位建立了一套系统的"能力词典"，"能力词典"定义了每个职位应该具备的能力项和应达到的水平。"能力词典"分为三大部分：核心能力、管理能力和专业能力，每个能力项为表现不稳定、基本水平、进阶水平、战略性领导水平。明确出每级职位应具备的能力项和每项能力的相应等级。

（3）潜力等级，潜力等级定义如下，为现在可胜任人员、未来可胜任人员、新到职位、现任人员。

通过这套独具特点的绩效发展系统，结合标准化基础管理系统，清晰定义出麦当劳对不同层次、不同专业人才的要求及衡量方法，为培养麦当劳所需人才制定了清晰的标准依据。

三、麦当劳如何吸引与招募核心人才

如果招募工作仅凭经验招人风险就会很大，而经验加上科学的招募系统，将会极大地提高招募的效率。

先进的招聘理念。招聘能否成功取决于多种因素，如公司品牌形象、薪资竞争力、应聘人的素质、人才竞争的压力、面试人员的技巧等。

一套高效招聘队伍。管理组招募由公司人力资源部负责组织支持，负责招募的经理必须经过面试与甄选课程的培训合格后方可胜任。

四、如何营造复制核心人才的环境

培养鼓励人才成长的氛围，各级主管在日常工作追踪中、会议中、活动中、考核中、沟通中，倡导人才培养的理念，使人才培养的意识渗透到每个人的思想中、行为中。

搭好核心人才成长的阶梯，每个人前面有自己的职业发展阶梯。因为公司随时准备发展，随时需要储备后备人才，从机制上每个人都能看到自己的职业发展道路。

培养"教练式"经理，在课程系统中加入"教练式"经理的课程。鼓励"教练式"经理的发展，因为"教练"与"运动员"的利益是绑在一起的，一荣俱荣，"教练"会真心为"运动员"付出，保证人才培训的质量。

人员发展列入关键绩效指标之一，每一级别管理人员的绩效指标必须包括人员发展方面的目标。在机制上保证做好人员发展，才可能获得更高的绩效表现等级。

培养不出接班人就不能晋升。在麦当劳文化中提倡，不培养出接班人你就不能晋升，即便有机会你也不能得到提名。这样，中、高层管理者都具备了培养人的动力，后备人才的问题迎刃而解。

五、建立并执行核心人才复制的程序

麦当劳复制人才的程序由培训系统和运营系统人力资源管理融合而成，培训系统分为员工培训和管理组培训，这些培训同日常运营管理和人力资源管理紧密地融合到一起，达到"营训合一"的效果，在工作中学习，在学习中工作。

从招聘开始，麦当劳就对应聘者宣传麦当劳的经营理念，这种传播渗透伴随每个麦当劳伙伴职业生涯的始终。

麦当劳员工培训以现场为主，主要培养操作技巧、习惯和工作态度。

一支优秀的训练团队，由训练经理、训练协调人、训练员组成。一套完整的训练工具包含训练员行动指南、训练管理行动指南。一套科学的训练程序方法包含一套及时更新的训练计划和一对一、肩并肩的训练方法。

当员工业绩表现优秀并表现出很好的潜力时，将被列入到晋升发展的名单，晋升为训练员直至管理组。

员工晋升后因工作职责发生变化，公司则提供相应的培训，使员工尽快从一个优秀的员工过渡到管理人员。

第四节　苏宁：如何打造核心人才复制"黄埔军校"

如今，当民营企业"火箭式上升，雪崩式垮塌"的悲剧不断上演的同时，反观苏宁却以一种持续、快速、稳健的成长步伐创造着一个又一个民营企业成功经营的范例。在经营规模迅速扩张的背后，苏宁的人才队伍建设或许能给诸多正处在成长期的民营企业提供现实版的参考模板。

一、"人海战术"与"人才瓶颈"

在 22 年的成长过程中，苏宁经历了两次重要的战略调整，从当初的空调专卖店发展到国内主要电商之一。与经营规模同时迅速扩大的是员工队伍。如今，苏宁的员工已经超过 18 万人。

苏宁为消费者提供的是集售前、售中、售后于一体的全程服务。这么大的服务业务量，要做到优质服务，需要大量的优秀人才。企业竞争最终必将还原到经营质量之争。而经营质量的关键在于人，尤其是子公司总经理、营销经理、采购经理、开发经理、店长、市场策划经理、财务经理、人力资源经理等中、高层管理人才。

在苏宁二次创业拓展全国连锁的过程中，曾推行过"人海战术"，其目标是每年至少引进 30000 名员工和超过千人的部长级以上管理人员。加之苏宁已进入日本和中国香港市场，更需要一大批语言基础好、学习能力强、具有国际化经营管理能力的人才。

在实践中，苏宁提出"事业经理人"的理念。与职业经理人不同，事业经理人更加要求员工有事业心和责任感，并将自己的发展与企业的发展紧密地结合起来。苏宁的企业大学校训对"事业经理人"提出三个标准：立足企业、成就事业，执着拼搏、开拓创新，勇于承担终极责任。事业经理人首先要有事业心，能够抗拒外部诱惑，经得起企业发展的"阵痛"，能够和企业共存亡。

为此，经理层级管理人员的招聘尤为关键。首先，企业会量化应聘者的职业行为，比如 5 年内在三家以上企业工作过的不能聘用等。其次，招聘经理级别的人才，由各业务部门的高层主管亲自参加面试。最后，对应聘者的人品、逻辑思维能力、职业意向和价值取向进行综合考量。这三方面基本达标，企业才会进一步考察应聘者的专业背景和才能。

二、苏宁如何完成核心人才"从引进到培养"这个过程

连锁企业好比复印机，经营模式好比是所需要复制的文件，一台好的"复印机"可以将文件清晰而快速地复制出来，而决定这台"复印机"好坏的是连锁人才。

苏宁在全国连锁发展进入"批量生产"阶段，为满足对人才的大规模需求，就打造了一个行业内独一无二的人才培养体系——大规模人才定制培养体系。这个被外界称为"人才生产流水线"的苏宁式培训，共分为三大类：一是所有新员工必须接受入职培训；二是岗位职业资格培训；三是在职员工绩效培训。其中，新员工入职培训一定要过"三关"——企业文化关、制度流程关和经验技能关。只有过了这三关，才能成为真正意义上的"苏宁人"。

同时，苏宁的培训体系还在不断进行强化，逐步构建了包括区域培训中心、部门内部培训、E-Learning 系统、苏宁大学等在内的六大培训平台。从入职到高层岗位的全方位培训教育体系，不断提升员工的职业化水平、服务技能和核心管理能力。

苏宁标准化人才培养体系设立了 47 个人才序列，建立从入职集训，到下终端、部门实习，直到 B 梯队、A 梯队、E 梯队的培养路径，设立了"1200 工程"、"千名蓝领工程"、"店长工程"、"中层管理班"等人才培养项目。同时联合了外部专业机构针对不同年龄段的员工进行研究，制订有针对性的培养方案，让员工

享受成长，迅速走向成熟。

三、自主培养，创造人才晋升的"苏宁速度"

自 2000 年起，苏宁推动"全国连锁二次创业"，基于对连锁专业化、标准化管理人才的需要，苏宁在 2002 年正式启动应届大学毕业生的专项招聘工程，由于第一年招聘 1200 人，故得名"1200 工程"。

用几个数字就可以说明"1200 工程"对苏宁的重要性——10 年时间、3 万员工、26 亿元的投入。"1200 工程"是苏宁历史最久、规模最大、影响力最大的人才梯队工程，10 年间共引进员工 3 万人，这也为中国零售行业专业人才培养树立了标杆。一批批学习能力强、创新意识强的大学生成长为苏宁中、高层管理干部的中坚力量，并在苏宁拓展全国连锁、升级信息系统、发展电子商务、拓展海外市场的进程中具有重要推动作用。

实践证明，"1200 工程"引进的员工不仅个人素质较好，还能快速适应新环境并提出很多自己的创新想法，这批人很快就成为"人才生产流水线"上的明星队伍。

苏宁为 1200 员工制定了明确的成长路径：1200 员工进入公司 1~2 年，快速融入并全面承担岗位职责；2~3 年内，80%以上能够成长为部长级以上的中层管理骨干；经过 4~5 年的锻炼，将成长为公司的中、高层管理干部；5~7 年将成为公司的高管。

目前，很多活跃在各部门的主管，大都是来自"1200 工程"的"80 后"。而这种"坐火箭"似的晋升速度，在其他行业、其他类型的企业中，无论是外企还是国有企业，都是罕见的，只有在苏宁的"1200 工程"才能演绎这种"神话"，这就是"苏宁速度"。可以毫不夸张地说，"1200 工程"已经成为苏宁人才培养的"黄埔军校"。

四、强化核心人才的培养

在苏宁看来，随着分工的不断深入，企业中的许多非关键性的工作可以外包出去，而企业的人才培养，尤其是中、高级经营管理人才的培养，是不能也无法外包的。不仅如此，它还应该成为整个企业运作中最为关键的资源和环节。为此，苏宁大学的战略定位也就有了全新的功能体现。

在强化中、高层培训项目实施的基础上，苏宁大学全面承担起集团企业文化课程、领导力课程和中高层专业技能的课程开发工作。采用线下集中面授和线上网络自学相结合的方式，充分融合课堂讲授、案例研讨、行动学习、探究学习等形式，打造综合性的中、高层培训基地，同时构建了覆盖全国的网络大学和远程教育中心。面向全集团的培训管理系统、E-Learning 在线学习系统、知识管理系统等培训信息系统已上线，保障了集团学习资源的共享。

第五节　宝洁：注重从内部培养核心人才

宝洁公司是世界最大的日用消费品公司之一。宝洁公司全球雇员近 10 万人，在全球 80 多个国家设有工厂及分公司，这个产品行销 160 多个国家和地区的日化帝国，面对不同的种族和文化，如何找到开启不同市场的"金钥匙"？究竟是什么构成了这个百年日化帝国的"常青术"？

宝洁公司高度重视核心人才培养。员工从迈进宝洁大门的那一天开始，培训的项目就会贯穿职业发展的整个过程。所有的培训项目，都会针对性每一个员工个人的长处和待改善的地方，配合业务的需求来设计；也会综合考虑员工未来的职业兴趣和未来工作的需要。宝洁一般在新员工入职 2 年后调动岗位，这为新员工描绘了新的学习曲线，新员工自己也能找到新的动力。

宝洁向员工提供了独具特色的培训计划，公司的目标是尽快实现员工本地化，计划在不远的将来，逐渐由国内员工担任公司的中、高级领导职位。

一、培训特色：全员、全程、全方位和有针对性

作为一家国际性的大公司，宝洁有足够的空间让员工描绘自己的未来职业发展蓝图。宝洁公司是当今为数不多的采用内部提升制的企业之一。员工进入公司后，宝洁非常重视员工的发展和培训。通过正规培训以及工作中直线经理一对一的指导，宝洁员工得以迅速成长。

全员是指公司所有员工都有机会参加各种培训。从技术工人到公司的高层管理人员，公司会针对不同的工作岗位而设计全程、全方位、有针对性培训的课程和内容。全程是指员工从迈进宝洁大门的那一天开始，培训的项目贯穿职业发展的整个过程。这种全程式的培训将帮助员工在适应工作需要的同时不断稳步提高自身素质和能力。这也是宝洁内部提升制的客观要求，当一个人到了更高的阶段，需要相应的培训以帮助成功和发展。全方位是指宝洁培训的项目是多方面的。也就是说，公司不仅有素质培训、管理技能培训，还有专业技能培训、语言培训和电脑培训等。针对性是指所有的培训项目，都会针对每一个员工个人的长处和待改善的地方，并配合业务的需求来设计，也会综合考虑员工未来的职业兴趣和未来工作的需要。

宝洁把人才视为公司最宝贵的财富。重视人才并重视培养和发展人才，是宝洁公司为全世界同行所尊敬的主要原因之一。公司每年都从全国一流大学招聘优秀的大学毕业生，并通过独具特色的培训把他们培养成一流的管理人才。宝洁为员工特设的培训学院提供系统的入职、管理技能和商业技能、海外培训及委任、语言、专业技术培训。

二、内部培养、内部提拔，尽量不用"空降兵"

在人才培养方面，宝洁从不使用"空降兵"，几乎所有员工都来源于校园招聘，员工的培养体系很成功，所有高管都靠自己培养，而且还输出了不少高管，被誉为"CEO 摇篮"。另外，宝洁很少求助外部的培训机构，80%以上的培训是靠自己的内部培训师。

宝洁培训体系的设计者认为：知识管理也要符合"二八原理"，组织 20% 的知识通过部分外聘讲师和内训师外部学习获得，80% 的知识来自于组织内部，这种知识结构能保证知识的更新和有效。太多的外部培训会影响到企业内部知识体系的构建，而太少可能会过于封闭；80% 的知识应来源于内部的知识体系，这些知识在组织内部不断传播、实践和更新才能形成组织真正的核心竞争力。

所以，在宝洁，要想成为 CEO、成为高管只有一条捷径：成为内部培训师。

这条通路有两个关键点：一是绩效考核制度，宝洁倡导开发、总结、共享的文化，要求每一个管理者都是培训师，这点直接跟绩效考核挂钩。宝洁的绩效考核中有 50% 的分数来源于组织贡献评估，实际上就是在内部知识整理和传播上的贡献，当讲师自然这方面分数就高。二是一年一度的十大优秀培训师评比，每个区域公司都会评出当年的十大优秀培训师，这些人是未来高管的替补队员。

三、宝洁职业经理人的培养

宝洁一直坚持"以人为本"的经营方针。有人曾经说过，如果把宝洁的人带走，留下资金和设备，那么宝洁将会一无所有；如果把资金和设备带走，留下人，10 年后他们将会重建一个宝洁。这体现了宝洁的"人才观"。

宝洁的培训方法是：明确所需的组织方向和业务需求，明确所需的组织和个人能力；吸引和招聘符合标准的优秀人才。

宝洁建立了一套良好的培训体系，在课堂和非课堂的环境中培训员工的全面能力。在培训的针对性方面注重合作，注重发展职业经理人团队。宝洁公司有着不成文的规定，几乎所有的经理人都是从内部提升。宝洁告诉员工"你优秀，就提拔你"，从根本上留住核心人才。

本章回顾

※ 企业通过建立核心人才复制系统，精心设计核心技能培养目标，以及将 HR 的管理思想、管理工具兼收并蓄于一起，并通过运用系统、规范、前沿的核

心人才培育制度和工具，达到快速复制出核心人才的目的，最终建立起企业强大的"核心人才复制系统"。

※ 随着分工的不断深入，企业中的许多非关键性工作可以外包出去，而企业的人才培养，尤其是中、高级经营管理人才的培养，是不能也无法外包的。不仅如此，它还应该成为整个企业运作中最为关键的资源和环节。

※ 麦当劳文化中提倡，不培养出接班人你就不能晋升，即便有机会你也不能得到提名。这样中、高层管理者都具备了培养人的动力，后备人才的问题迎刃而解。

※ 宝洁公司把人才视为公司最宝贵的财富。重视人才并重视培养和发展人才，是宝洁公司为全世界同行所尊敬的主要原因之一。

※ 宝洁公司有着不成文的规定，几乎所有的经理人都是从内部提升。宝洁告诉员工"你优秀，就提拔你"，从根本上留住核心人才。

第五章
核心人才队伍建设规划

【章节导读】

核心人才在企业中发挥的巨大的作用，有着举足轻重的地位，但是企业在实际操作的过程中却存在着一些具体障碍，表现为：核心人才在企业中的作用与地位缺乏制度约束和保障，核心人才易于被"挖墙脚"、流失严重；企业对核心人才的管理观念与任用机制落后；企业对核心人才管理缺乏合理的淘汰机制；企业对核心人才缺乏有效的激励机制；等等。

核心人才是企业发展的重要支柱，核心人才队伍的建设是企业人力资源管理价值的核心，核心人才包括企业的高级管理人员、产品与技术研发人员、关键岗位的综合管理人员、关键的市场营销人员等。

根据企业核心人才的结构现状、人才存量和技能现状，以战略需求为导向，制订企业核心人才队伍建设的前瞻性、系统性规划。有效的规划应具体到核心岗位和核心技能领域，从而规划打造和储备核心人才队伍，培育核心岗位员工的核心专长与关键技能的体系，是支撑企业赢得核心竞争力的重要手段；围绕战略绩效目标和核心人才发展目标，并将核心人才发展绩效目标在人力资源管理领域层层分解，落实责任，并在制度层面设计出实效性、针对性强的核心人才引进、培育、开发、激励机制。这是核心人才队伍建设规划的主要任务。

第一节　核心人才队伍现状的全面审计

企业通过对当前的核心人才队伍现状、核心人才管理现状、核心人才激励现状、核心人才发展能力现状等进行全面的管理评审，发现当前企业在核心人才发展与管理方面存在的主要问题，并提出解决问题的办法，优化人才成长环境，完善核心人才复制机制，积极推行人力资源发展规划，为核心人才队伍的建设奠定科学的基础。

企业对核心人才队伍现状的全面审计是核心人才队伍建设的起点。

现在，我们通过一家企业来说明。D 公司是一家综合燃气运营商，是一家集团型企业。我们对 D 公司当前的核心人才队伍状况进行分析，并与标杆企业进行对比，以找出存在的问题，明确核心人才队伍的基础状况。

一、核心人才队伍现状分析维度

通常核心人才队伍现状从"核心人才总量、核心人才结构、人工成本、人工效益和流动性（含招聘、流失、晋升、转岗、淘汰等）"五个维度进行分析，如图 5-1 所示。

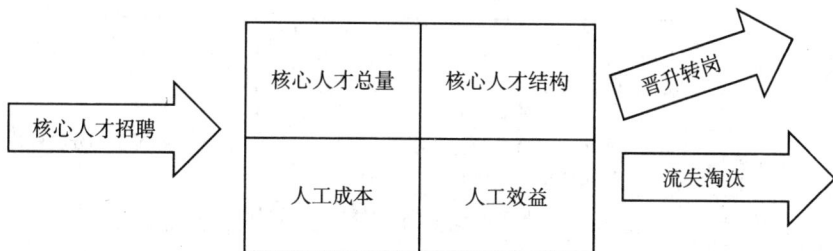

图 5-1　核心人才现状分析维度

（一）核心人才的历史数据收集

数据收集包括静态数据、动态数据和财务数据。静态数据分类标准如表 5-1 所示。

表 5-1　核心人才队伍现状静态数据分类标准

数据	类别
核心人才总量	核心人才在职总人数
各学历层次核心人才数量	本科、硕士及以上
各年龄阶段核心人才数量	31~40 岁、41~50 岁、51 岁及以上
各职位层级核心人才数量	管理类：中层、高层
	专业技术类：技术/经济助理、专员、主办、主任、高级主任、资深主任、副总工程师/经济师、总工程师/经济师
	操作类：高级工、资深工
各职位序列核心人才数量	管理类、专业技术类、操作类

动态数据分类标准如表 5-2 所示。

表 5-2　核心人才队伍现状动态数据解释

数据	解释
晋升核心人才数量	在一年中晋升到更高层级的人数
转岗核心人才数量	在一年中从一个岗位平调或降职到其他岗位的人数
辞职核心人才数量	一年中主动辞职的核心人才数量
淘汰核心人才数量	一年中企业主动淘汰（辞退、待岗）的核心人才数量
新进核心人才数量	一年中新招聘进入企业的核心人才数量

财务数据包括营业收入、营业成本、利润、人力资源成本，人力资源成本构成，如表 5-3 所示。

表 5-3　人力资源成本构成

项目	内容
工资	应发工资
奖金	税前：月奖金、年底绩效奖、安全责任奖
津补贴	出车、餐费、学历、职称、工龄、通信、住房、外派、子女医疗、交通、特别津贴（特聘人员）、高温
福利	过节、食堂、员工活动、劳保用品、体检、其他
保险、公积金	企业承担部分：社保、住房公积金
培训费	内训、外训、食宿、差旅、教材
招聘费用	校园招聘、招聘渠道维护、差旅、测评工具购买、猎头

（二）人力资源数据分析

通过对人力资源数据进行计算、分析，得出分析指标，透视出 D 公司目前核心人才队伍存在的主要问题。人力资源分析指标如表 5-4 所示。

表 5-4 人力资源分析指标

类别	指标	定义	解释
员工总量	员工总量年平均增长率%	$\sqrt[m-n]{\dfrac{m\ 年员工总量}{n\ 年员工总量}}-1$	反映了员工数量年度平均增减情况
员工数量与结构	总部员工占在岗员工比例%	总部员工总数÷在岗员工总数	反映了总部作为管理机关在集团所占人员数量比重
	学历结构	某学历层级人数/总人数	反映员工知识水平
	年龄结构	某年龄段人数/总人数	反映企业活力/稳健和后备队伍情况
	职位结构	某职位层级人数/总人数	反映企业管理机制（高、中、基层人员比例）
	职能结构	某类职能人数/总人数	反映企业业务结构（管理、技术、操作等类别人员结构，可以按部门来分析）
	部门/三级公司结构	某部门/分公司人数/总人数	反映企业组织结构与产业布局
人力成本	人力成本/营业收入	人力成本/营业收入	反映企业薪酬福利支出的经济性
	人力成本/营业成本	人力成本/营业成本	反映人力成本占总成本的比例
	人均人力成本	人力成本/总人数	反映单个人力资源成本量
员工效能	人均营业收入	营业收入/总人数	反映人力资源的业务扩张能力
	人均利润	利润/总人数	反映人力资源的盈利能力
	人力成本效率	营业收入/人力成本	反映人力投入对业务扩张的促进
员工流动	员工晋升率	晋升员工数/总人数	反映人才培养速度
	员工转岗率	转岗员工数/总人数	反映人员内部流动速度
	员工辞职率	主动辞职员工数/总人数	反映企业的留人能力
	员工淘汰率	淘汰员工数/总人数	反映企业人才培养能力
	员工补充率	新招聘人员数/总人数	反映人员补充能力

二、核心人才队伍现状分析

（一）核心人才队伍总量和结构分析

核心人才总量与营业收入增长率对比。D 公司 2010~2014 年营业收入和核心人才总量均呈大幅上升趋势，过去 5 年，D 公司营业收入逐年上升，年均增长率达 41%。这表明，D 公司核心员工总数与营业收入保持了同步增长，二者间存在明显的线性相关。

（二）年龄结构

A公司员工年龄在40岁以前均呈阶梯形上升，40岁以后均呈阶梯形下降，表明年龄结构分布较为合理，形成了老、中、青的合理搭配。

总体来看，员工在41岁以上的占34.15%，表明总部集聚了一批稳重成熟、具有丰富实践经验的经营管理人才和专业技术人才，与企业定位和人员要求相吻合。

（三）学历结构

A公司绝大多数员工（约2/3）学历在本科及以上，硕士学历人员更是全部集中于总部，表明总部员工学历结构分布符合集团总部作为管理中心的定位。

（四）职位结构

D公司全体管理人员中，集团总部高层占15%，中层占63%，基层管理占21%。一方面表明集团总部出于管理需要，在职位体系中对总部人员进行了"高配"；另一方面也说明总部中层管理人员偏多，应适度进行职数控制。

三、核心人才流动分析

（一）核心人才晋升率

近5年，D公司核心人才晋升率呈递增趋势。说明公司在业务扩张的同时，注重核心人才梯队建设和使用，晋升体系运转正常，具备核心人才培养能力。

（二）核心人才转岗率

近5年，D公司核心人才转岗率在5%左右，人才内部合理流动不仅可以有效培养复合型人才，也可以提升企业人力资本，说明A公司已建立起了内部人才培养和流动机制，在业务扩张的同时，引导核心人才在流动中实现增值，达到人才平衡。

（三）核心人才辞职率

近5年，D公司核心人才辞职率总体呈下降趋势，辞职主要集中于基层操作类岗位。说明D公司核心人才流出控制合理，且随着业务扩张，核心人才流出逐年下降，表明目前 D 公司具备一定的留人能力。

（四）核心人才淘汰率

近 5 年，D 公司核心人才淘汰率呈下降趋势。由于体制原因，淘汰更多地集中于基层操作岗位，说明集团绝大部分岗位未采取严格的绩效考核，市场竞争性压力有效传导不足，建议适度提高。

（五）核心人才补充率

近 5 年，D 公司核心人才补充率维持在 25% 左右，说明集团在业务扩张的同时，核心人才需求大，新进员工较多。未来在核心人才引进方面，应着重优化结构，以引进高端紧缺人才和储备人才为主，同时应加大对新入人员的入职辅导和培训。

四、核心人才队伍现状分析的启示

综合上述分析，D 公司核心人才队伍现状启示如下：

在核心人才总量与结构方面，核心人才总量随业务规模扩大而保持持续增长态势；核心人才队伍年龄结构分布合理，形成了老、中、青合理搭配；学历结构分布符合总部作为管理中心的定位；职类结构上，管理人员比重偏大。

在核心人才流动方面，随着公司业务规模的扩大，核心人才的晋升、转岗、补充较为稳定，辞职和淘汰总体呈下降趋势，表明公司注重核心人才梯队建设和使用，内部晋升体系和核心人才培养和流动机制运转较为正常，具备一定的核心人才培养能力，留人能力逐步增强。未来集团可进一步扩大核心人才转岗率，适度提高淘汰率，进行市场竞争压力的有效传导。同时，在核心人才引进方面，应着重优化结构，以引进高端紧缺人才和储备人才为主，加大对新入核心人才的入职辅导和培训力度。

第二节　核心人才队伍总体规划

核心人才是企业人才队伍的重要组成部分，是企业人才队伍的核心骨干，在产业结构优化升级、提高企业竞争力、推动技术创新和科技成果转化等方面具有重要作用。

为适应企业产业结构优化升级的要求，培养、造就一大批具有精湛技艺的核心人才，企业需要制订核心人才队伍总体规划。

一、核心人才总体建设目标

核心人才总体建设目标主要是按照"优化增量、开发存量、控制总量"的规划思路，加强核心人才队伍建设，精干经营管理队伍，加强专业技术力量，稳定操作技能型人才队伍，创新核心人才工作机制，优化核心人才结构，营造核心人才脱颖而出的良好氛围，形成适应企业发展战略需要、结构合理、专业配套、层次科学、素质优良的核心人才队伍。

（一）优化增量，满足企业需求

根据战略发展目标和人力资源现状，确定核心人才引进数量与结构，重点引进德才兼备的高端人才和储备人才。核心人才引进过程中，不唯资历，不唯学历，注重引进核心人才对公司的事业认同，注重核心人才素质与岗位要求的匹配度。

（二）开发存量，实现人岗匹配

建立竞争性的选人、用人机制（如竞聘上岗）和规范有序的流动机制（如轮岗、转岗），建立健全培养、选拔后备人才的经常性机制；尊重人才成长规律，做到"核心人才重点培养，优秀人才加强培养，紧缺人才抓紧培养"，重视核心人才在实践中的锻炼成长，倡导"知识+经验+技能"式的核心人才，实现人岗高效匹配，确保企业持续、健康发展。

（三）控制总量，确保队伍精干

一是严格控制入口，除适量引进紧缺专业的高层次人才外，严格控制新增员工总量，保证人员数量增长与业务总量增长的恰当匹配；二是积极畅通出口，适当引入淘汰机制，为公司提升劳动生产率、优化人员结构创造条件。

在"四定"（定机构、定岗、定编、定员）的基础上，对三大序列各级人员的岗位进行合理设置，从严控制各级人员的职数和人数。

制订三大序列各级人员的岗位说明书，确定每个岗位的职责和任职条件，作为录用、考核、培训、晋升的依据。

对人员实行分级管理，其中，高层操作人员、高层专业技术人员和高层管理人员由企业纳入"核心人才库"直接管理。

二、三大序列核心人才队伍建设目标

企业对核心人才队伍建设按经营管理、专业技术和操作技能三大序列统筹推进，管理序列抓好中、高层经营管理人才队伍和外派干部队伍建设，专业技术序列抓好专业技术专家和高级技术人才队伍建设，操作序列要抓好中、高级岗位技能人才队伍建设。

各序列人才队伍定义如表 5-5 所示。

表 5-5　三大序列人才队伍定义

序列	定义	包括职位
经营管理队伍	指处于集团划分的组织层次中，在经营管理岗位上指挥一定的下级开展工作，具有直接或间接管理幅度的人员	包括基层组长、班长、专管、主管、中层业务经理、各部门正、副职经理、总经理助理和高层管理人员高层领导
专业技术队伍	指除操作序列和管理序列以外的人员，包括专业技术和专业支持两大类，具体指在岗位上从事专业技术工作，具有相应的专业知识、专业能力和技术水平的人员。其中： 高级专业技术人才是指专业序列岗位在技术/经济主办以上的人员 资深专家人才是指公司总工程师/经济师、副总工程师/经济师、总工程师/经济师等岗位人才	技术/经济助理、专员、主办、主任、高级主任、资深主任、企业副总工程师/经济师、总工程师/经济师

序列	定义	包括职位
操作技能队伍	指在生产一线直接从事生产操作、生产辅助、后勤服务等工作性质的员工,其中: 岗位技能人才是指操作技能人才中具有中级工以上资质(即高级工、资深工)的人员	普通工、初级工、中级工、高级工、资深工

根据企业发展战略,要实现上市目标,保持业务规模和劳动生产率持续提升,必须在人员结构方面逐步向标杆企业靠拢,通过管理集约化,加强业务的专业性,加大核心人才比例。因此,应在发展中逐步减少管理职数,扩大管理幅度,适度降低管理人员比例,增加专业技术和操作技能型人员比例。

(一)经营管理队伍建设目标

在经营管理队伍建设上,以提高管理水平和稳定职务数量为核心,以领军人才和中坚力量为重点,加快推进人才职业化、市场化和专业化,注重提高质量,注重控制职数,培养、造就一支精炼高效、职业素质好、市场意识强、熟悉经济运行规则,在经营管理方面具有较高造诣的核心人才队伍。以领军人才突出、中坚力量精干、后续力量充足、结构分布合理的管理人才团队支撑公司的发展。

(二)专业技术人才队伍建设目标

技术是企业发展的原动力,拥有一支结构合理、有创新能力的高素质专业技术人才队伍,是企业自主创新、技术进步和提升核心竞争力的必备要求。在专业技术人才队伍建设上,企业应全力营造尊重技术、尊重知识的良好氛围,突出重点,注重实效,创新专业技术人才选聘与配置机制,完善人才测评和使用制度,实施关键技术岗位人才培养计划,重视主干专业技术人员的培养,围绕主营业务领域的需要,培养一批重点项目、重点工程急需的高层次人才,培养一批专业技术带头人和专业技术骨干。

(三)操作技能型人才队伍建设目标

岗位技能人才是企业安全生产的支撑和基石。企业应适应生产运营的需要,以提升职业素质和职业技能为核心,以重点工种、重点工艺的岗位为重点,加快职业技能开发,大力开展综合技能的培训,加强职业技能鉴定工作力度，培养一支爱岗敬业、技艺精湛、具有专门技能、善于解决现场问题的岗位技能人才队伍。

第三节 核心人才队伍建设的主要任务

一、健全以企业行业为主体、以高等院校为基础的核心人才培养、培训体系

组织、引导企业结合生产和技术发展需求，大力开展核心人才技能提升培训，积极探索引导核心人才在实践中学习和成才的有效途径。推动高等院校紧密结合市场需求和企业需要，通过深入开展校企合作，深化教学改革，进一步提高核心人才培养的针对性和适用性。

二、完善公平公正、运行规范、管理科学的核心人才评价体系

坚持公开、公平、公正原则，以能力和工作业绩为导向，结合关键岗位要求，推进企业核心人才评价，开展专项职业能力考核，进一步完善符合核心人才特点的多元化评价机制。进一步健全职业技能鉴定管理和质量监督制度，规范鉴定程序，构建并完善体现科学发展观和人才成长规律的核心人才评价体系。

三、构建有效激励、切实保障、合理流动的核心人才使用机制

企业以充分发挥核心人才的积极性、创造性为目标，引导和鼓励企业完善核心人才培训、考核、使用与待遇相结合的激励机制，完善核心人才合理流动和社会保障的各项政策，建立有利于激发核心人才岗位责任感和创新创造活力，实现核心人才资源利用效率最大化、可持续发展的核心人才使用机制。

四、营造尊重劳动、崇尚技能、鼓励创新的有利于核心人才成长的社会氛围

坚持以"科学人才观"为指导，以尊重劳动、尊重知识、尊重人才、尊重创造为方针，通过开展形式多样的职业技能竞赛活动和核心人才评选表彰活动，选拔和树立一批核心人才模型，在全社会营造有利于核心人才成长的良好社会氛围。

第四节　核心人才队伍建设的重要举措

企业通过大力加强核心人才培训基地建设，创新核心人才开发和激励机制，推动核心人才总量稳步增长，素质大幅度提高，使用效能明显增强。重点采取以下措施。

一、企业加大核心人才培训力度

为适应企业快速发展的需要，企业以核心人才为重点，大力开展核心人才培训，加快核心人才培养和素质提升。

加强核心人才培训基地建设。有条件的大型企业，可建立示范性核心人才培训基地，重点开展核心人才研修提升培训、核心人才评价、职业技能竞赛、核心人才课程研发、核心人才成果交流等活动。

制定完善支持核心人才成长的政策措施。对急需紧缺行业（领域）高技能培训的人员，可按规定给予培训补贴。制定贯通核心人才职业发展通道的办法，选择部分技术类专业，探索开展取得高级工以上职业资格证书的人员按规定参加相应专业技术职称评审试点；鼓励工程技术人员参加职业技能鉴定，以取得相应的职业资格证书。

实施企业核心人才技能提升培训工程。引导、支持企业建立现代企业职工培训制度，针对岗位需求和职工特点，开展多层次、多样化培训，建立核心人才研修制度和"名师带徒"制度，以促进核心人才成长。

二、以制度创新为重点，健全核心人才评价、选拔制度

企业进一步突破年龄、资历、身份和比例限制，积极探索和完善符合核心人才成长规律的多元化评价机制，逐步完善企业核心人才评价、专项职业能力考核办法。完善核心人才评价模式，重点评价企业核心人才在执行操作规程、解决生产问题和完成工作任务等方面的能力。同时，大力发掘核心人才掌握的绝招绝技，探索进行专项职业能力认证。

进一步发挥职业技能竞赛在发现和选拔核心人才中的作用，结合企业需求实际，统筹组织和实施各类职业技能竞赛，完善职业技能竞赛组织程序、参赛条件、竞赛职业（工种）的选择、竞赛内容、竞赛后的激励方式等，引导和带动广大企业职工参加岗位练兵和技能竞赛活动，不断提高技能水平，为更多优秀高技能人才脱颖而出搭建平台。

三、建立核心人才多层次发展通道，充分发挥核心人才的作用

鼓励企业以岗位为基础，建立核心人才多层次发展通道，并给予相应待遇，引导核心人才立足本职，钻研技能，提高技能水平，实现职业发展。进一步推行核心人才聘任制度，发挥核心人才在技能岗位的关键作用。鼓励企业根据自身发展需要，建立高技能人才带头人制度，并给予必要的经费和人员等支持。企业充分发挥生产、服务一线优秀高技能人才在带徒传技、技能攻关、技艺传承等方面的重要作用，建立较为完善的核心人才技术技能创新成果和绝技绝活价值实现及代际传承推广机制。

四、健全核心人才激励、表彰机制

企业通过建立和完善核心人才奖励体系，不断提升核心人才经济待遇。企

业对做出突出贡献的核心人才给予奖励，并参照高层次人才有关政策确定相应待遇。

企业根据市场需求和生产经营状况，制定核心人才鼓励办法。积极开展核心人才同业交流、联合攻关、培训深造、出访考察活动。探索核心人才协议工资制和项目工资制等多种分配形式。加大对技能创新成果的评价认定和推广应用力度。

五、以强化技术支持为重点，夯实核心人才工作基础

企业建立各类核心人才能力、素质标准，为开展核心人才的培养、评价等工作提供依据。建立、健全高技能人才职业（岗位）需求预测和定期发布制度，引导核心人才在集团公司内部合理流动。分层次开发核心人才信息库和技能成果信息库，建立核心人才信息交流平台。

六、切实加大投入，为核心人才队伍建设提供经费保障

牢固树立"人才投资优先保证"理念，健全多渠道的核心人才投入机制。企业加大核心人才工作经费投入，确保核心人才发展重大项目实施，并对核心人才师资培训、评选、表彰等工作给予必要的经费支持。

企业可建立核心人才发展基金，为开展核心人才培养研修、技术攻关、创新交流、带徒传技等活动提供支持。按有关规定安排职工技术培训经费，重点保证核心人才培养的需要。

第五节　核心人才队伍建设的组织实施

核心人才队伍建设的组织实施，主要有如下要点。

一、企业加强对规划实施工作的组织与领导

核心人才队伍建设规划是企业人才发展规划体系的重要组成部分。企业将贯彻实施核心人才队伍建设规划作为重要内容进行部署和推动。在企业高层领导下，人力资源部负责本规划的组织实施，会同其他部门建立规划实施的工作协调机制。企业制订加快核心人才队伍建设的工作计划，形成上下贯通、左右衔接的核心人才发展规划实施体系。

二、建立规划实施目标责任制度

集团人力资源部将核心人才队伍建设规划中的重要目标任务分解落实到各分公司、各部门，会同各分公司、各部门制订核心人才队伍建设规划实施方案。各分公司要强化目标责任制度，结合本企业实际，提出分阶段、分步骤实施的方案，明确责任单位、责任部门和责任人。要将核心人才培养目标任务完成情况作为对单位绩效评估、管理者业绩考核、相关经费划拨的重要依据，从而推动各项目标任务落到实处。

三、加强对核心人才队伍建设规划实施的监控和评估

建立核心人才规划实施情况监测指标体系和报告制度，加强对规划实施情况的监测评估和跟踪检查。各分公司每年年底向集团总部上报规划实施进展情况，重点反映目标任务完成情况、存在突出问题和对策建议。集团人力资源部根据各分公司上报信息，结合规划实施中出现的新情况、新问题，会同有关部门研究制定对策措施，指导和督促规划任务的落实，并对各分公司执行情况进行检查评估。

四、强化核心人才队伍建设的舆论宣传

充分利用公司网站、自媒体平台等形式的宣传活动，大力宣传核心人才工作的重大战略思想和方针政策，大力宣传实施核心人才队伍建设规划的重大意义和

目标任务、重大工程和举措，大力宣传规划实施中的典型经验、做法和成效，大力宣传核心人才典型人物和事迹，形成公司关注和支持核心人才工作的良好局面，为促进核心人才成才成长营造良好环境。

第六节　核心人才管理体系与任职评价

如何做好核心人才管理？一些公司在核心人才管理方面经常遇到一个问题：不清楚谁是核心人才。公司重点培养的是关键性岗位的现有人员，但是这些人中也不乏不能胜任岗位的人员。培养机制不健全，公司对核心人才的培养仅限于各类培训内容的授课，整个培养机制欠缺系统性。

因此，企业需要进行关键岗位任职资格管理体系设计，以帮助公司厘定促进组织核心竞争力提升的核心人才的具体标准，以区分优秀人才和普通员工之间的差异，并从中选拔出真正的、能适应岗位要求的核心人才。并基于任职评价的基础，建立系统的核心人才培养机制。关键岗位任职资格体系设计并非对所有岗位，而是仅针对关键岗位进行设计。如图5-2所示。

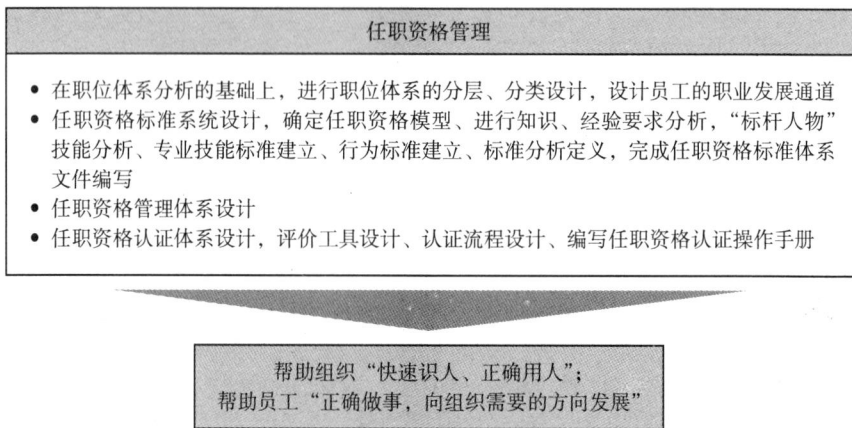

任职资格管理

- 在职位体系分析的基础上，进行职位体系的分层、分类设计，设计员工的职业发展通道
- 任职资格标准系统设计，确定任职资格模型、进行知识、经验要求分析，"标杆人物"技能分析、专业技能标准建立、行为标准建立、标准分析定义，完成任职资格标准体系文件编写
- 任职资格管理体系设计
- 任职资格认证体系设计，评价工具设计、认证流程设计、编写任职资格认证操作手册

帮助组织"快速识人、正确用人"；
帮助员工"正确做事，向组织需要的方向发展"

图5-2　任职资格管理

任职资格标准包括必备知识、专业技能、专业经验和绩效要求四部分，其中绩效要求通过制度来定义。如图 5-3 所示。

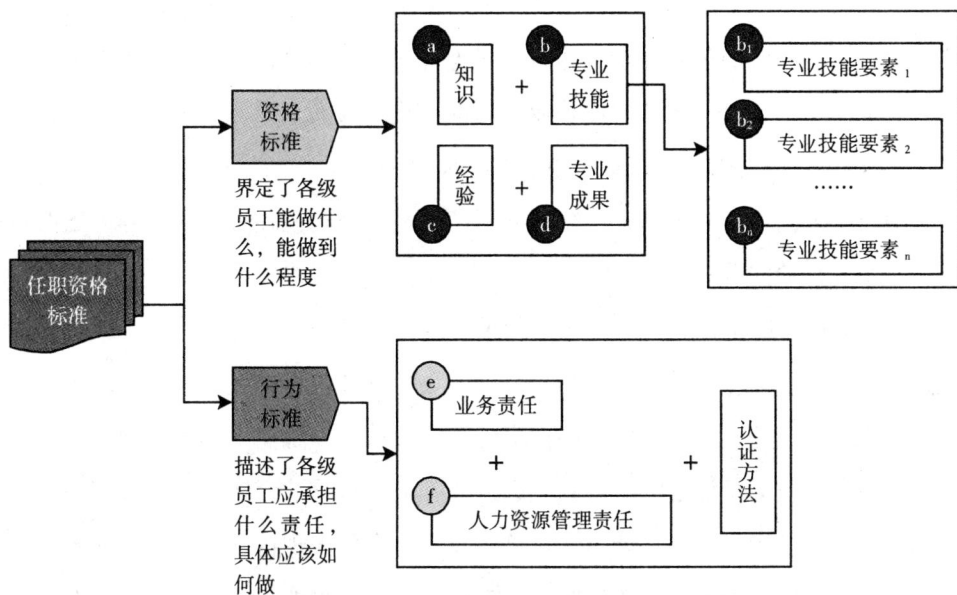

图 5-3 任职资格标准

我们通过一个管理咨询案例，说明核心人才任职评价的问题。

G 公司是一家机械制造企业，是一家集产品设计、开发、生产、销售于一体的大型企业。公司设有 1 个研发中心、2 个大型生产基地，员工人数近 3000 人。

随着企业的发展，职责不清、核心人员流失、积极性不高等管理问题逐渐显露出来，公司领导层也逐渐认识到人力资源是企业发展的第一要素，但是核心人才的匮乏已经成为管理者的难题。在这种局面下，仍然有不少核心人才离职，为了挽留这些核心人才，管理者也采取了一些措施。比如，提高薪资水平、增加培训机会等，其效果并不大。在这样的背景下，该公司 CEO 提出从公司内部培养核心人才的诉求，希望能挖掘内部核心人才并加以合适的培养，以培养出能胜任岗位，而且忠诚度较高的优秀后备人才。但是，怎样判断选出的人员是否能胜任岗位？应该培训哪些内容呢？

一、现状问题及分析

企业持续成长的前提是拥有核心人才，因为核心人才是一个企业最重要的战略资源，是企业价值的缔造者。然后，随着人才竞争的日益激烈，市场上的核心人才越来越短缺，这一趋势迫使企业从内部寻找优秀人才并加以培养。但是，大多企业在核心人才的培养和管理方面仍存在一些问题。

通过深入的访谈和分析，中略顾问团队发现该公司在核心人才培养方面存在以下几个方面的问题。

（1）不清楚谁是核心人才。该公司重点培养的是关键性岗位的现有人员，但是这些人中也不乏不能胜任岗位的人员。该公司领导也提出要培养能够胜任岗位的后备人才，但是，哪些人能够胜任岗位呢？应该选择哪些人作为关键性岗位的后备人员呢？公司不清楚哪些人是优秀人才，缺乏科学的评选标准，过多关注关键岗位上人才的专业和业务能力，往往是在某个岗位表现比较好的人员就被晋升到上一级的岗位，但是晋升之后的工作表现却往往不尽如人意。此外，在选拔优秀人才时，由于缺乏明确的评选标准，人为因素的影响较为严重，一些"会表现"的人员往往会得到管理者的关注，这就有可能导致一些"埋头干活、不会表现"的优秀人才被埋没。

（2）培养机制不健全。与普通员工相比，核心人才的培养周期较长，所以培养核心人才要面向未来事业，同时也不能离开实际工作的需要。目前，该公司对核心人才的培养仅限于各类培训内容的授课，且在内容的选择上，随机性较强，经常是领导在外面听了一堂不错的课程，就把培训师请到公司为这些核心人才授课，或者看市面上流行什么课程就培训什么课程，培训内容的针对性不强，且容易与实际工作脱节，整个培养机制也欠缺系统性。

二、解决方案

中略咨询团队通过对该公司人力资源管理现状的深入了解和分析，结合多年核心人才管理的理论研究及管理实践经验指出，人岗匹配是产生高绩效的前提，企业在培养核心后备人才时也应该以胜任力为前提，选择具备能够胜任岗位的能力素质的优秀人才作为培养对象，并结合胜任力与人员现状之间的差距进行针对性的培养。企业需要建立核心人才任职评价体系，并在此基础上搭建系统的核心人才培养机制。

（1）建立核心人才能力、素质的评价体系，从知识、技能、能力、意识等多个维度对人员进行评价，以区分优秀人才和普通员工之间的差异，并从中选拔出真正的、能适应岗位要求的核心人才。其中，知识是指一个人对一个特定领域的了解，技能是指将事情做好所需要具备的专业技能，能力则是指一个人胜任某个具体岗位所必需的核心能力，意识则是一个人在某个特定领域的自然而然、持续的想法和偏好。这四个维度中，能力、意识是相对较难改变的，是选拔核心人才的关键因素所在。

基于对该公司关键性岗位的大量工作分析工作，中略顾问专家团队从知识、技能、能力、意识等多个维度，针对具体岗位搭建了任职评价体系。同时，多次对绩效优秀的员工和一般员工进行深度访谈，深入分析绩效优秀员工和一般员工产生绩效差异的所在，分析他们在工作之中关注的重点和思维方式、对复杂问题的理解、知识的应用等方面的不同之处，从而为获得核心能力素质的提供信息、数据支撑。同时，在针对不同岗位梳理了评价内容的基础上，明确各项评价内容的评价标准。

（2）在基于任职评价的基础上，建立系统的核心人才培养机制。在明确了各个岗位的任职要求的基础上，使用个人需求量表、个人行为量表、心理测量工具等评价工具对人员进行评价，基于人员能力素质与岗位胜任要求之间的差距，设计针对性的核心人才培训项目，并选择合适的评选方式进行培训。

三、项目总结

核心人才是企业发展的关键所在，针对性的培训内容和培训方式也是核心人才管理的重要影响因素。针对如何解决 G 公司在核心人才管理方面的问题，选择真正的核心人才，中略顾问团队在此次项目中提到要建立以能力、素质为核心的核心人才管理方式，同时基于工作分析，从知识、技能、能力、意识等多个维度建立核心人才任职评价，并明确核心人才任职评价标准。在此基础上，通过对人员进行科学评价，找到人员现状与岗位胜任力之间的差距，设计有针对性的培训内容和培训方式，为企业建立一支核心人才队伍。

本章回顾

　　※ 企业对核心人才队伍现状的全面审计是核心人才队伍建设的起点。

　　※ 核心人才是企业发展的重要支柱，核心人才队伍的建设是企业人力资源管理价值的核心。

　　※ 根据企业核心人才的结构现状、人才存量和技能现状，以战略需求为导向，制订企业核心人才队伍建设的前瞻性、系统性规划。有效的规划应具体到核心岗位和核心技能领域，从而规划、打造和储备核心人才队伍，培育核心岗位员工的核心专长与关键技能的体系，是支撑企业赢得核心竞争力的重要手段。

　　※ 企业需要进行关键岗位任职资格管理体系设计，以帮助公司厘定促进组织核心竞争力提升的核心人才的具体标准，区分优秀人才和普通员工之间的差异，并从中选拔出真正的、能适应岗位要求的核心人才。

第六章
"核心人才库"建设

【章节导读】

建立"核心人才库"是核心人才复制的基础工程。企业"核心人才库"的建立，应结合企业战略规划对核心人才的需求、核心人才现状与核心人才发展规划的实际，对关键岗位进行评估，确定核心人才的胜任能力特征和要素，并形成核心人才甄别标准，借此作为甄选核心人才入库的判定标准，建立企业的"核心人才库"。

企业建立统一的"核心人才库"，纳入 e-HR 系统中进行动态管理，实现"人才共育，智力共享，队伍共建，平台共用"。对"核心人才库"实行动态管理，人员的入库、出库、淘汰由企业统一操作进行。核心人才队伍每年选拔一次，将符合入库标准、取得突出成绩，具有优秀技能的人才充实进"人才库"，对工作业绩不突出，或其他原因跟不上公司发展需要、不再符合标准的人员及时进行淘汰、出库或再培养。

企业应建立"核心岗位"目录和"核心能力"目录，并在企业内部公开发布；公布的核心人才奖惩机制、激励机制、任用机制、培养机制等一系列倾斜政策与机制；引导和激发员工"自主学习和自我发展"，实现核心人才培育与发展的双向驱动模式即以企业在核心人才发展中的统一规划、统一投入、统一管理为主导，以员工职业发展、自我发展为辅助，双轮驱动，双向牵引。借此，建立起核心人才复制这一人才内生机制的生态环境。

第一节　核心人才标准

核心人才是企业人才队伍中高价值的部分，是企业竞争能力和经济效益的主要创造者。他们拥有杰出的经营管理才能、高超的专业技术能力和丰富的操作经验，在关键岗位上对员工队伍发挥着引领作用和示范作用。吸引、凝聚和留住核心人才，充分调动和发挥他们的聪明才智，对企业的可持续性发展和战略目标达成具有重大的意义。

根据"二八原则"，企业需要对核心人才进行识别，并将其作为人力资源管理的重点关注对象，进行规划和培育、开发。

企业的战略目标和核心能力决定了企业的核心人才。我们采用基于 KRA/KPI（关键结果领域/关键绩效因素）分析的方法进行核心人才的识别，主要步骤如下：

第一，确定关键结果领域。明确企业的战略远景和使命；根据企业发展目标，分析企业要达到这一目标必须在哪些关键方面做得要好。

第二，确定关键绩效因素。对关键结果领域进行分解，细化为具体的工作内容。

第三，确定核心人才。根据具体工作内容、确定关键岗位，从而确定关键人才。

企业核心人才必须符合如下特征：企业战略发展中急需、替代成本大、专业技能要求高、目前市场紧缺，是可以支撑公司战略发展，主持公司重大项目，掌握公司核心技术，解决公司重大和疑难问题等能力的人才。核心人才特征如图6-1所示。

岗位影响较大	作用较关键
所从事的工作的结果好坏，对企业的目标和效益影响很大	在企业运营、流程运作中能够起到关键作用
培养周期较长，或专业技能较为独特，替代成本较高	岗位要求知识技能多样、经验丰富、工作独立性程度高
岗位替代成本较高	岗位技能要求高

（中心：核心人才特征）

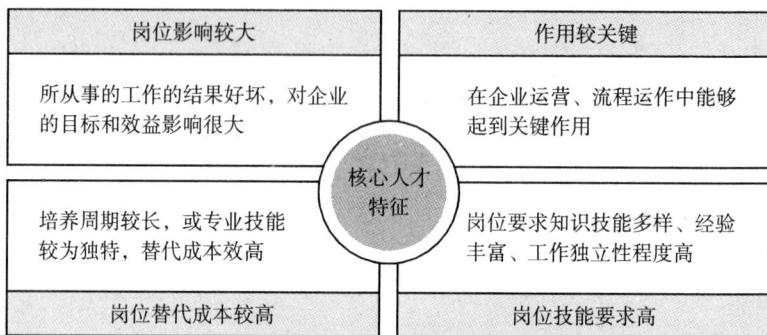

图 6-1　核心人才特征

【案例】

D 公司是一家燃气产业集团公司，该公司根据战略规划明确提出了"整合市场天然气综合开发，构建先进的天然气运行模式，打造企业品牌，适度进行跨地区扩张，成为全国最大的燃气产业集团之一"的战略目标。根据战略目标及关键成功因素分解，集团需特别关注以下几类核心人才的培养和储备，如图 6-2、表 6-1 所示。

战略愿景	关键结果领域	关键成功因素	关键人才类型
成为卓越的全国性综合燃气运营商	**现有市场精耕细作** ①加快区域燃气业务整合 ②扩大气源采购途径，降低采购成本 ③积极拓展市场份额，天然气业务快速发展 ④提高客户满意度 ⑤安全经营	市场规划与营销 优秀的安全管理 卓越的客户服务 燃气设施投融资 稳定的生产运行 ERP 信息化支持	复合型高级管理人才 市场营销人才 高级技术人才 高级岗位技能人才 安全管理人才 信息系统维护人才
	异地市场发展 ①发展省内其他城市分销 ②开展周边 10 个左右二、三级城市的经营 ③利用管网、气源优势成为华南地区的供应商	资本运作 专营权获得 经营模式复制 集团管控 企业文化推广 人力资源系统	高级财务管理人才 高级公共关系人才 人力资源管理人才 文化宣传管理人才
	资本运营 ①上市 ②并购 ③有选择地投资	良好的声誉 杰出的资本运作 有效的财务控制	投资型人才

图 6-2　核心人才类型

表6-1 核心人才类型定义及关键岗位

人才类型	核心人才定义	关键岗位
复合型管理人才	熟悉企业业务，通晓行业发展趋势 具有综合管理能力，能够作为外派干部为集团在异地经营或新市场开拓起领军作用的中、高层管理人才	集团董事长、总经理、副总经理、总经理助理 三级公司职能部门正、副职经理、业务经理
市场营销人才	熟悉产品特性，通晓市场特点，了解当地市场状况，能够对市场进行细分和规划，能有效主导市场的开发，能够持续有效开发工商业大客户，具有良好客户服务和管理能力，与客户保持稳定长期合作关系	集团及三级公司市场经营部、客户部、营销部年度销售冠军、主管及以上等岗位
投资型人才	在集团上市、尽职调查、企业并购、重组、燃气设施投融资等方面具有丰富经验的中、高级投资人才	投资管理、项目开发、造价、预结算、统计分析、招标、核算管理等岗位
安全管理人才	熟悉燃气业务，熟悉生产运行流程，在管网运行、安全技术、设备和工程安全管理方面具有丰富经验的中、高级人才	集团及三级公司安全技术部、安全管理部、工程技术部及其他部门从事安全管理岗位
高级技术人才	从事专业技术工作，具有丰富专业实践知识和较高技术水平的技术人才	集团和三级公司副总工程师/经济师、总工程师/经济师 专业序列在技术/经济高级主任、资深主任的岗位
高级公共关系人才	具有特殊社会资源，在集团异地专营权获取、媒体危机处理、危机公关等方面具有丰富经验的高级人才	集团和三级公司总经理助理及以上高管岗位
高级岗位技能人才	直接从事集团重点工种、重点工艺的生产操作、生产辅助等工作，具有高级及以上技术资质人员	重点工种、重点工艺的操作岗位
高级财务管理人才	能够进行有效财务管控、实施监督并评估公司财务风险状况，为管理层决策提供参考意见 具有丰富财务处理经验，能够制定和分解公司财务计划、预算，分析各项财务数据，建立经营相关计量模型的人才	集团和三级公司财务总监、财务部正副职负责人 会计主办及以上岗位
企业文化宣传管理人才	熟悉集团文化理念，精通企业文化体系搭建，精通文化宣贯和宣传网络建设 能迅速在新购并企业进行文化融合和渗透的专业人才	企业文化培训、党群、工会等岗位
信息系统维护人才	精通 ERP 等信息系统运作，熟悉系统各模块运行流程 能有效维护系统良好运转，对故障能及时、有效排除，能根据业务需求进行系统开发的人才	程序管理、系统维护等岗位
人力资源管理人才	精通人才开发，熟悉集团人力资源管理体系，熟悉人力资源各模块实操工作经验	集团及三级公司人力资源部主管及以上岗位

第二节 "核心人才库"建设

企业"核心人才库"的建立，应结合企业战略规划对核心人才的需求、核心人才现状与核心人才发展规划的实际，对关键岗位进行评估，确定核心人才的胜任能力特征和要素，并形成核心人才甄别标准，借此作为甄选核心人才入库的判定标准，建立企业的"核心人才库"。

一、核心人才的胜任特征

核心人才的胜任特征包括：内隐特征和外显特征。内隐特征涉及人员的心理动机和个人品德，外显特征是员工专业素质的体现，属"硬件"条件，主要涉及人员的学历、职称、工作经验、专业知识和专业技能等，可以作为鉴别其工作绩效和发展潜力的素质特征。

【案例】

D 公司核心人才胜任特征，如表 6-2 所示。

表6-2 D公司核心人才胜任特征

特征类型	核心人才类型	胜任特征/入库条件
内隐特征		认同公司核心价值观和企业文化，忠诚于企业，热爱事业
外显特征	经营管理人才	• 本科及以上学历，或中级及以上职称 • 5年以上本专业岗位工作经历 • 具有 2 个以上部门工作经验和 2 年以上团队管理经验

续表

特征类型	核心人才类型	胜任特征/入库条件
外显特征	技术人才	• 本科及以上学历，或中级及以上技术职称 • 5年以上本专业岗位工作经历 • 在引进、消化、开发、推广技术过程中，解决了关键技术问题，技术水平处于公司领先地位，在业界具有一定知名度 • 被列为公司重点工程的主要技术负责人
	专业人才	• 本科及以上学历，或中级及以上职称 • 5年以上本专业岗位工作经历 • 在金融、财务、营销、安全、企业文化和人力资源等专业方面有较大创新，成绩显著，对公司发展或管理提升发挥了较大作用
	岗位技能人才	• 具有高级工、资深工资质 • 5年及以上本工种岗位操作工作经验 • 在操作岗位上做出较大贡献，具有高超技艺，在各类技术比武竞赛中获得前3名，或获得公司级及以上"操作能手"、"劳动模范"称号

二、"核心人才库"的建立步骤

（1）依据关键岗位的核心人才胜任特征作为入库标准，对员工队伍进行"人才盘点"，通过组织推荐和个人自荐两种方式，遴选出符合条件的人员纳入"核心人才库"。

（2）企业统一制作人才数据库，并纳入 ERP 或 e-HR 人力资源子系统中进行管理，实现"人才共育，智力共享，队伍共建，平台共用"。

（3）对"核心人才库"实行动态管理，核心人才的出、入库由企业统一操作进行。核心人才队伍每年选拔一次，对符合入库标准、取得突出成绩，具有优秀技能的人才充实进"核心人才库"，对工作业绩不突出，或由于其他原因跟不上公司发展需要，不再符合标准的人员及时进行出库或调整。

（4）对文凭、年龄、职称、经验等不符合但接近的人员，按1∶3的比例作为关键岗位后备人才，并纳入"后备人才库"管理。

第三节　核心人才梯队建设

核心人才梯队建设是一个长期过程，必须与企业的人力资源战略密切结合，与企业发展战略和人才发展规划保持一致；需要根据人才的稀缺性和岗位的重要性采取分级培养与管理机制；"人才梯队库"要定期进行人才更新管理，保证"人才库"动态发展。

企业通过实施"人才强企"战略，精心构筑"人才制高点"，必须充分发挥现有各类核心人才的作用。进行核心人才梯队建设，应形成专业配套、门类齐全、梯次配备的核心人才群。

企业在核心人才梯队建设的关键措施和重要环节，体现在如下几方面。

一、构建员工职业生涯发展通道：实现管理通道和专业通道的"H"形双通道设计

设计"H"形的职业发展通道，使纵向发展通道和横向发展通道保持通畅，能有效地应对未来组织发展对核心人才培养的需求。员工的发展不仅仅体现职级晋升、技术水平的提高、管理技能的提高，也体现在任务多元化以及能力全面化等多个方面。通过对技术类、营销类、职能类、生产操作类岗位分别设计职业发展通道，使各个部门的员工都具备个人价值实现渠道的多元化。相对于之前封闭的职业发展空间，员工可以根据个人特点和兴趣，在更广阔的平台上进行成长。

【案例】

核心人才晋升通道设计

H公司是一家集水处理技术和水处理设备的研究、开发、制造、销售、服务为一体的集团公司,下属6家子公司。公司现有员工近千人,其中中、高级以上职称120人,本科以上学历占公司55%以上。

随着企业的迅速发展,H公司在人力资源管理上逐渐暴露出一些问题,其中,员工晋升通道一直较为混乱,很多员工反映不知道自己的发展前景在哪里,因此导致了一些核心人才外流、员工工作积极性差等问题。基于此,H公司邀请中略咨询进驻企业,帮助企业设计科学、合理的员工晋升路径。

(一)现状问题

传统的员工晋升路径多为单一的晋升通道,即员工级别、主管级别、经理级别的依次晋升。H公司的员工晋升路径也基本上属于此类模式。但一直以来,由于缺乏明确的晋升路径说明及晋升标准,人员的晋升也较为混乱,领导"拍脑袋"决定晋升人员的情况也屡见不鲜。有的老员工工作了十几年仍是员工级别,而同部门才工作一两年的人就晋升到了主管级别;也有能力不错的员工迅速晋升到经理级别的现象,引发了其他员工的不满。久而久之,员工越来越不清楚自己的发展方向,工作积极性越来越低,甚至流失了一大部分优秀人才。

这种单一的晋升通道带来的问题,即由于管理职位的数量有限,而空缺的职位又相对很少,往往优秀的人才会因为没有合适的晋升职位而得不到晋升,只能慢慢"熬"到有职位空缺的时候才能晋升,这在一定程度上打击了优秀人才的积极性。而H公司技术人员的主要晋升通道是初级、中级、高级技术职称的依次晋升,且技术评级主要依赖学历、经验、年限、资历等因素。技术人员需要积累多年经验,才具备晋升的资格,一些优秀的技术人员也往往会因为"经验不足"而不能得到晋升,严重打击了技术人员的积极性。随着时间的推移，一些"有劲头"的优秀技术人员也慢慢变得懒散，很少主动提升专业知识及工作技能。

此外，作为集团公司，必须对子公司的人事、财务、采购等进行有效的把控，因此，集团管控中心负责人的全局思维及整体把控能力就显得尤为重要，尤其是一些综合性管理岗位（财务、人事、营销等）。目前，集团管控中心的几位分管负责人都是各自领域做得比较好的经理提拔上来的。也就是说，表现好的人事经理就被提拔到集团管控中心负责各分公司、子公司的人事管控，表现好的财务经理就负责各分公司、子公司的财务管控等，表现上看起来这种晋升通道很合理。但是，实际管理过程中，由于各领域分管负责人的思维只局限在各自领域，对集团业务难以做到整体把控，工作起来也相对比较费力。究竟该如何设计这些负责管控人员的晋升通道和晋升标准也是此次项目的重点所在。

（二）现状分析

通过深入的现状调查和研究，中略顾问小组指出，该公司的人员晋升通道设计存在以下几个方面的问题。

（1）晋升通道过于单一，且缺乏明确的标准。H公司仍沿用传统的"直上直下式"晋升通道，造成"挤独木桥"的现象，导致人员晋升速度缓慢，一些短时间内晋升无望的优秀人员可能会选择离职，造成了核心人才流失。再加上没有明确的晋升标准，员工不清楚自己的发展方向，工作积极性也难以提升。而对于技术人员，其晋升通道即是初级、中级、高级的技术职称晋升，属于单向晋升，而一些协调性比较强、技术水平又相对较差的人员更适合做技术管理类岗位，但是却"转型无门"，也不得不另寻他路。同时，由于晋升通道的设计缺乏合理性，员工的发展和提升具有"杂乱性"，难以实现人才的系统性培养。

（2）欠缺系统性的人才整合和培养。由于"直上直下"的晋升通道设计，H公司出现了"人才不均衡性"，有的部门急缺优秀人才，而有的部门却会出现优秀人才因得不到重用而流失的现象。对核心人才的培养体系欠缺系统性和全局性，由于涉足的工作仅仅是一个领域，导致优秀人才的思维被局限，难以从整体上把控整个公司的工作进展。另外，由于这些核心人才不了解其他领域的工作，导致跨领域沟通存在一定的困难，加大了沟通成本。

（三）解决方案

结合该公司的管理现状及多年咨询实践经验，基于深入的调研和分析，针对以上几个问题，中略咨询顾问提出以下解决方案。

第一，针对职能人员晋升通道单一的问题，提出"设计横向发展通道"的解决方案。横向上，在不同职位、不同部门、不同子公司之间，建立起转换和迁移的通道，提供多元化的人才成长通道，打破单向晋升通道的设计，促进员工的横向流动。其中，横向发展通道可以通过调动、选拔和竞聘等方式实现。增加横向发展通道，一方面，拓宽了员工的职业晋升通道，缓解了"挤独木桥"的问题，优秀人才在一个部门得不到晋升时也可以选择跨部门晋升，极大地激励了员工的工作积极性；另一方面，促进了企业内部人才的系统性整合和培养，削弱了企业内部人才的不均衡性，优化了集团公司的人力资源配置，从而促进了企业的进一步发展。

第二，针对技术人员晋升通道单一的问题，提出"设计双晋升通道"的解决方案。将原有的单一技术等级晋升通道拓展为双晋升通道，即"技术通道+管理通道"。其中，技术通道是指沿着技术专业化的路径不断提升技术水平，成为技术专家。管理通道是指技术人员也可逐渐转型，沿着业务管理的通道不断发展。在这种职业发展的模式下，技术人员可以根据自己各方面的能力、专长等，选择适合自己的发展道路。对企业来讲，可结合企业实际情况，对技术人员进行科学、合理的评估并完善相关的配套管理机制（比如培养体系、薪酬管理体系等），帮助技术人员选择合适的晋升路径，这有利于人才潜能的挖掘，促进员工为企业创造更多的价值。此外，明确的发展方向和完善的配套机制也有利于对优秀人才的保留。

第三，针对管控中心部分人员不能胜任岗位的问题，结合胜任岗位所需的各方面能力、工作经验等，在晋升标准中明确要求有其他某些岗位的工作经验，并设计合理的晋升路径，以保证人才的有效培养。为保证集团管控中心的有效性，管控人员的基层经验显得尤为重要。这里的基层经验除去本岗位/部门的工作经验之外，也包括跨岗位/部门的工作经验。比如，财务管理的相关工作经验对保证人事管控的有效性来说也是非常重要的，那么，人事管控人员的晋升路径中就必须包括财务管理相关的岗位工作经验。建设系统性的人才培养体系及与之配套的人才晋升路径，并在晋升标准中明确要求相关工作经验，保证对核心管控人员的系统性培养，确保其岗位胜任能力和集团管控的有效性。

(四) 项目总结

对技术人员非常集中的企业，任职资格对员工的激励作用比薪酬体系的作用更重要。有效激励的前提是能抓住员工真正的需求。因此，企业在设计人员激励体系时需分析员工的需求所在，并针对具体的需求去设计激励的手段。根据马斯洛原理，员工在满足了生理需求、安全需求等相对较为低级的需求之后，会有自尊需求、自我实现需求的高级需求。这时候，对核心人才激励来说，科学、完善的任职资格体系的设计就显得尤为重要。但是，很多企业的任职资格管理体系仍存在很多问题，诸如晋升通道不健全、标准不明确、与人才培养无法接轨等。在此案例中，中略咨询专家团队提出的职能人员横向晋升通道、技术人员双晋升通道以及对核心人才晋升路径的重塑等解决方案，有针对性地帮助企业解决了任职资格体系中所存在的问题，得到了客户的高度认可。

二、通过设计专业通道内专业层级的纵向发展路径，鼓励员工在专业方向专注发展，培养企业自身的高端技术人才，同时打造一流的管理者团队

针对各个岗位序列，设计纵向的专业晋升通道，跨越不同职级与薪级，在某个岗位序列内部形成宽幅的薪酬空间和职位晋升空间，吸引员工能够专注于本领域的岗位，不断积累提升，最终成长为该领域的专家型人才。随着整个行业向越来越专业化的分工发展，对高端人才的需求越来越高，该企业通过在技术序列、营销序列、技能发展序列建立专业化的晋升发展通道，培育高端的技术、工艺人才、市场、销售人才，生产管理人才，通过构建专业的核心人才梯队打造企业差异化的核心竞争力。

三、通过横向发展的方式，培养未来组织需要的核心人才

在各个岗位序列之间建立多种横向通道，为某些核心岗位员工有规划、有步骤地设置轮岗经历，通过横向发展的方式，培养未来组织需要的复合型、稀缺型核心人才。

对于某些重要的技术支持或者生产支持序列的岗位，如质量、采购等岗位，可以通过横向的通道设计，让员工在相关的技术、工艺、生产等部门积累一定的经验后，再进入相关的专业支持岗位。如采购工程师，对于原材料的成本、质量具有关键作用，除了具备沟通、谈判、议价等采购管理的基本素质外，还必须熟悉产品的工艺材料等知识，同时了解市场对产品和服务的需求，这样才能更好地在源头控制产品质量，准确把握原材料的趋势提升市场接受度。因此，采购工艺师必须在工艺、销售等系统轮岗后才能进入采购岗位。这种方式可以有效解决企业复合型人才紧缺的问题。

四、构建核心岗位素质模型，根据素质模型的要求和素质测评结果，有针对性地对人才进行招聘和培养

根据企业战略与经营策略的要求，经过深入的资料调研、BEI 访谈、问卷调研等方式，首先，帮助企业获取更佳绩效所共同需要发展的一组关键能力，构建企业自身的核心岗位素质模型，有效勾勒和描绘出该企业员工应该具备的精神风貌、行为标准及能力要求。其次，根据素质模型对核心岗位员工进行 BEI 面谈、心理测试等综合的素质测评，对每位员工出具了素质测评报告，分析员工自身在素质和能力上的优势和"短板"，根据员工自身特点、胜任能力及优劣势，有针对性地提出员工个人的职业生涯发展和培养建议。特别是根据素质"短板"，提出员工的培训课程建议，使员工更有针对性地对自身欠缺的能力进行提升。

胜任素质模型清晰地表明了该企业对各关键岗位行为的期望以及如何达成目标等多方面具有重要的价值，以胜任素质模型为核心和纽带，可以实现企业对关键人才的"选、用、育、留"，将进一步提升企业人力资源管理工作的科学化和现代化。对于未来人才的招聘、培养、留用不再盲目，而是在一个健康的轨道上有计划、有目标地进行。

五、有效的绩效考核与激励

对于核心人才在选拔、培育、留用、晋升的各个阶段，都要定期建立有效的考核机制，并设置相应的奖惩措施，有效激励核心人才，真正从员工的业绩出发，结合个人的兴趣，考虑个人的职业生涯发展。同时，健全并规范各种选拔条件、培养制度、晋升加薪的相关条例及规章，在员工中进行宣传与普及，提升员工的参与度，使员工具备自我提升、主动参与竞争的积极心态，有效推动人力资源优化及梯队建设工作。

【案例】

J公司是一家大型工程机械企业，该企业正处于规模扩张、产品结构升级、服务模式创新的重要发展阶段，虽然近两年的外部环境一直利好，该企业实现了大幅度的规模扩张，但是在业绩面前公司领导深感危机四伏。

J公司内部缺乏高、精、尖的技术人才，研发团队出现了青黄不接的情况，专业的市场人才几乎没有，营销团队还停留在销售团队的概念层面，服务模式落后，后市场建设远远滞后于行业内的先进企业，供应链管理也相对落后，在质量、成本管理方面也存在很多问题。面对这些问题和困难，公司领导高瞻远瞩，认为加强核心人才梯队建设已经刻不容缓，必须快速培育、储备一批优秀的核心岗位员工，这是摆在该企业面前的重要课题。

中略咨询公司与J公司合作之后，建议自2015年，启动"关键人才四个十培养工程"，即到2017年，再培养出10名中、高级经营管理人才，10名高级技术创新人才，10名包括营销、公关、财务、投资、企业文化、人力资源、信息系统维护等专业的高级专业人才，10名高级技能人才，基本满足集团发展需要，形成专业配套、门类齐全、梯次配备的核心人才群。

（1）培养出10名中、高级经营管理人才。中、高级经营管理人才是指那些掌握现代企业经营管理知识，具有较强组织领导协调能力，积极开拓进取、无畏竞争，可以胜任总部职能部门、三级公司全面领导工作或某个方面领导工作的经营管理人才。集团用3年时间培养出10名中、高级经营管理人才，补充进主营业务的领导班子，保证每个三级公司平均有1~2名经过系统培养的中、高级经营管理人才。应按照培养目标，制订专门的培养规划，采取多种形式，加速培养。

（2）培养出10名高级技术创新人才。高级技术创新人才是指那些有较好技术理论基础和丰富的工作经验，具有创新精神、创新能力方面的素质，能够较好承担或领导重大技术开发、技术推广项目的高、精、尖技术人才。

每年从主体专业的技术骨干人才中选拔 3~4 名创新特质明显、有发展潜力的人才进行多方面的、有针对性的培养，3 年共培养 10 名，达到主体三级公司都能有一名掌握国内外前沿技术的专业技术带头人。

（3）培养出 10 名高级专业人才。高级专业人才是指在市场营销、公共关系、财务、投资、企业文化、人力资源、ERP 维护等方面具有较强专业能力，精通本专业业务，了解市场经济运行规律，熟悉国内经济、法律法规的业务骨干。能够制定出切实可行的培养措施，通过强化培训和岗位锻炼，结合到国内外大学或大企业见习实践，增强业务能力。3 年在各专业培养 1~2 人，合计培养 10 人，满足企业各职能部门对高层次专业人才的需求。

（4）培养出 10 名高级技能人才。高级技能人才是指那些在重点工种、重点工艺上技艺精湛，一专多能，有绝招绝技和丰富的实践经验，能够解决生产、运行操作过程中技术难题的技术能手。通过 3 年努力，通过培训和实践培养等措施，再培养出 10 名高级技能人才，进一步壮大中、高级操作技能型人才队伍，保证每个三级公司业务作业区能有一名高级技能人才。

第四节　核心人才入库与出库管理

随着人才市场的逐步完善，人才的有序流动将成为企业核心人才来源的重要渠道。同时，企业内部人才也将依次脱胎换骨，逐步走上前台，成为企业持续发展的中坚力量。从战略高度考虑，企业需要建立"核心人才库"。

企业在建立"核心人才库"时应重点关注的几类人才：公司发展战略急需、不可替代性人才；专业技能要求高、市场紧缺的人才；具备支撑公司发展战略，主持公司重大项目能力的人才；掌握公司核心技术，具备解决公司重大和疑难问题能力的人才；公司未来发展需要的核心人才。

一、核心人才入库管理

核心人才入库需要重点关注"人才盘点"和人才评估两个环节，"人才盘点"是细致而繁杂的工作，但非常重要，是核心人才选拔的基础。人才评估是盘活人力资源的关键环节，能有效激发核心人才的主动性和创造精神。

企业首先要在每年年末进行一次"人才盘点"，然后，从潜力和绩效两个维度进行评估，从而将业务能力强又具有培养潜力的员工纳入"核心人才库"。"人才盘点"要对员工的基本条件、风格、优势方面、待改进方面、内外部可替代性、个人发展意愿等方面进行梳理。潜力评估从员工个人的价值观、胜任力、专业知识、基本技能、工作经验等方面展开。绩效评估从战略规划、业绩指标、专项工作、日常工作、计划执行等方面展开。

根据评估结果，潜力或绩效在"中"以下的不予考虑，并将其他人才分为4类。第1类人才是企业的"明星"，他们既有好的业绩，也有高的潜质，应是企业培养资源倾斜的重点对象。对第1类人才，应该纳入核心人才库，给予内训、外训、轮岗、工作导师等各类培养措施，不断挖掘潜力，促进提升。第2类人才可塑性一般，但当前业绩良好，可以纳入"关键人才库"，给予内训、外训。第3类人才是企业需要注意的对象，他们或者有一定潜力但尚未发挥最优绩效，或者潜力中上但业绩较好，应纳入"后备人才库"。对第3类人才，企业培养资源应该在一定程度上给予这类人群，主要以工作反馈和业务技能培训为主，目的在于进一步提升现有业绩。第4类人才在绩效和潜质上都表现平平，有待继续观察，暂不纳入人才梯队。应该注重对其日常培训和绩效辅导，提升其绩效水平和工作满意度。

二、核心人才出库

企业对现有人才评估后，将高潜质的人才分别列入"核心人才库"，实施相应的培养计划。培养周期结束后，对核心人才采用360度测评，根据测评结果和岗位空缺状况，分别做出不同的人才出库安排。

对于测评结果高并且有岗位空缺的核心人才，考虑尽快安排晋升；对于测评结果高而暂无岗位空缺的人才，待有岗位空缺时要优先安排晋升；对于测评结果低但有岗位空缺的人才，可考虑先安排任职，但不予晋升，并进入下一个培养周期继续培养，待测评结果通过后再给予晋升；对于测评结果低且没有岗位空缺的人才，直接淘汰出"人才库"。

人才测评是核心人才出库的关键环节，参与测评的人需要本着为企业负责、为被测评人负责的态度，客观、公正地给予评价。

核心人才梯队建设需要企业决策者具有战略思维和全局视角，是一项"马拉松式"的工程，要求企业决策者持之以恒、慎始慎终地默默推进。只有坚定企业的人才基石，才能确保企业的基业长青！

第五节　核心人才开发机制规划

企业应加大核心人才的自主培养和开发力度，根据三大序列的岗位系统、任职层级、职业发展方向等特点，采取岗位培训、知识更新、专项培训、外出深造、兼职锻炼、自主选学、网络教育、岗位轮换等多种方式，进行有针对性的培养、开发。

一、经营管理人才队伍培养

（1）完善管理序列职位体系。完善对高、中、基层管理人员的职位管理体系，加强职位交流，提高任职水平；在日常管理实践中，各级管理人员应精通本职，熟悉多门业务，重要岗位的人员应突出提高战略决策、市场判断、开拓创新、风险防范、组织协调、综合集聚和应对复杂局面的能力。

（2）建立管理岗位领导力胜任模型，优化各级领导班子结构。要在公开选拔干部的基础上，建立量化的绩效考核体系，加大对领导班子的考核力度，提高干部队伍的素质。从领导人员胜任特征入手，建立量化评价标准体系，将认知能力、学习能力、人际能力、管理能力、实践能力、创新能力、个人动机、人格品质等特征进行量化，提高干部选拔的科学性；发挥领导力模型对自我学习、自我培训与自我发展的导向作用。

（3）以加强团结为重点，抓好领导班子建设。在各级领导班子成员中倡导建设高效团队的理念，加强团队沟通和团队学习，开展拓展训练，增强班子凝聚力。实行集体领导，杜绝"一言堂"，实行责任共担、利益共享的考核机制，充分发挥班子成员的集体智慧。推行领导任期承诺和任期目标制度，加大考核，真正贯彻"能者上、平者让、庸者下"的良性循环。

（4）以思想素质和能力建设为重点，提高管理队伍素质。做好管理队伍在职研修的指引和扶持，抓好日常理论学习，通过指定必读书籍、学习心得、专题培训等方式，引导各级管理人员树立正确的人生观、权力观、成就观，提高企业经营管理队伍的理论水平和思想素质。

（5）完善管理人员监督和制衡机制。进一步整合和规范党组织、纪检监察、法律审计、员工评议、财务和监事会等各种监督方法，形成立体化的监督体系。实施管理失职问责制，严格责任追究；对重要岗位管理人员推行委派、交流制，形成"职责明确、界面清晰、监督全面、约束有力"的监督制衡体系。

（6）加强外派人才队伍建设。明确外派岗位的职责和权限，实行外派人员任职责任制和定期工作报告制度，定期述职，建立重大事项及时汇报的机制。对外派人才队伍，采取岗位锻炼、专题培训相结合的方式，强化其遵守任职公司章程、忠实履行义务、体现集团意志和维护集团权益的意识；重点掌握股份制企业的运作特点及规律，熟悉现代公司治理、企业生产经营、资本运作、财务审计、人力资源管理和法律知识，熟悉企业文化和管理体系等。

二、专业技术人才队伍培养

（1）建立和完善"专业技术人才库"，全面掌握各类专业技术人才现状，分析其优势和不足，抓住存在的突出问题和薄弱环节，有针对性地做好人才培养和使用工作，形成以技术专家、技术带头人、专业技术骨干为梯次的人才队伍。

（2）建设专家队伍。完善《企业专业技术人才队伍管理办法》，在总经济师、总工程师的职位基础上，建立适应集团发展和人才管理需要的首席技术专家、高级技术专家、技术专家等职位，畅通专业技术人才的发展通道，增强专业技术人员的归属感，提升专业技术人员的荣誉感。要明确对专家的选评和考核力度，使专家的选拔、考核、使用、培养工作科学化、规范化，并结合每位专家的情况，制定业绩指标和考核标准，做到责、权、利统一，并使其充分参与到集团重大业务决策过程中，营造有利于其成长的良好环境和氛围。

（3）加强技术带头人队伍建设。按照扩大专业范围、不拘一格选拔人才的要求，将创新能力强、实践能力优、业绩突出的优秀技术人才吸纳进来，充实技术带头人队伍。统筹规划专业技术带头人培养工作，制订系统的培养计划，以继续教育、深造学习、加强培训和学术考察为主要培养方式，提高其技术水平和创新能力；做好关键技术人才储备规划，对技术带头人加大考核力度，定期组织考核，奖励表现好的、清退不合格的，补充能力突出的，实时优化，动态管理。

（4）加强专业技术人才队伍建设。围绕岗位基础、专业资质、专业拓展、应用研修等内容不断优化，以提升专业技术人才知识结构。抓好以业务深造、知识更新为重点的继续教育工作；以提高实践能力为重点，做好专业技术类培训。采用内部培训与外部培训相结合、理论指导与实践相结合、员工个人愿望与组织需要相结合等方式。

（5）搭建技术创新平台。依托公司重点技术项目，聚集和培养人才。以技术项目为载体，促进相关科研院所或高校技术人才进入公司项目团队，承担专项课题研究；通过广泛参与内外部重大项目联合攻关、重大工程技术改造和国内外技术合作与交流等，带动公司专业技术人才技术创新能力和专业水平的提升。

三、操作技能型人才队伍培养

（1）完善操作技能型人才队伍职业发展通道。进一步完善《企业职务管理制度》，在现有高级工、资深工的岗位基础上，增设技师、高级技师等岗位，规范其职业资格考评和聘任程序，增加其技能津贴，健全操作序列岗位体系，拓宽操作型技能人才的职业发展与成长途径，形成重视技能、崇尚技能、尊重技能人才的良好氛围。

（2）加大操作人才队伍师资建设。加大操作类培训的经费投入，发掘一批具有一定理论水平和较高动手能力的操作技能型兼职内部培训师队伍，在公司内部实现经验共享，系统统筹。

（3）组织岗位技能大赛，推行岗位技能比武。采取理论培训和实际操作技能提升相结合的方式，通过定期组织操作类岗位技能比赛，开展岗位练兵、岗位技能竞赛、技术比武、技术交流等活动，营造比、学、赶、帮、超的浓厚氛围，提升操作类岗位的总体技能水平。

（4）提高技能鉴定水平，加大考核力度。实施职业资格准入制度，严把职业技能鉴定质量关，维护职业资格鉴定工作的严肃性；拓展职业技能鉴定工种范围，加大硬件投入，实现职业技能鉴定的标准化、现场化，提高鉴定的质量和规模。对违反操作规程、职业技能鉴定复审不合格、年度考核不合格的人员，实行强制培训或待岗培训。对经过培训仍不能胜任工作要求的，严格按有关规定予以淘汰。

第六节　核心人才激励机制设计

企业坚持物质激励与精神激励相结合，健全、完善核心人才的分配、激励、保障制度，形成一整套支持核心人才成长、加快核心人才开发、激发核心人才活力的核心人才开发激励保障机制，用制度留住核心人才，用制度保障核心人才开发实效。

一、核心人才激励机制构建的任务、思路

激励的基本任务是与企业的整体目标相配套和吻合的，激励机制是为了激励员工产生良好的动机、实现个人价值的同时与组织目标保持一致，从而实现组织制定的目标。

(一) 核心人才激励机制构建的基本任务

首先，通过核心人才激励机制的建立与实施，引导公司各种资源分配机制的改善，从而达到资源在各部门的配置合理、高效。

其次，通过核心人才激励机制的实施，全面启动人力资源开发计划，提高企业的核心人才竞争力，建设一支精干、高效的管理队伍。改进管理核心人才的配置办法，引入竞争机制，积极推进公开招聘和竞争上岗的工作，从而实现经营管理水平的提高。

最后，创建公平、公开、公正的核心人才竞争环境，建立激励机制和培养专业技术带头人，形成核心人才梯队。广开核心人才渠道，有计划、有目的地引进公司所需核心人才，优化核心人才结构，提高企业竞争力，为参与市场竞争打好核心员工基础，形成"出成果、出核心人才"机制。

(二) 核心人才激励机制构建的思路

第一，核心人才激励机制并不是一成不变的，建立科学、有效的核心人才激励机制并非高不可攀，在建立激励机制及实施的过程中应不断增删激励项目与激励内容，使激励机制随着公司的发展不断更新完善，更加科学、更加有效。

第二，建立正确、有效的核心人才激励机制的关键，在于该激励机制能不断地满足公司和个人的发展需要，只有同时满足公司和员工个人双重发展的激励机制，才是真正有生命力的激励机制。

第三，为了留住核心人才，调动核心人才的积极性，使公司进入"高薪资、高效率、高效益"的良性循环，应该建立以薪资激励为基础，兼顾多种配套激励的复合激励机制。

第四，在设计核心人才激励机制时要注意以下几个方面的问题：精神激励与

物质激励缺一不可；长期目标与短期目标并行；适时性激励与阶段性激励并举；用正面激励取代负面激励；尽可能估计公司内外大小环境的变化趋势，降低"因无法抗拒因素"而不能兑现承诺的概率；注重团队精神培养的同时也要重视个人表现的奖励。

第五，赋予精神激励以新的内容。一方面，构筑先进的企业文化，塑造企业共同的价值观；另一方面，有切实可行的精神激励方式，正确引导核心人才的行为方式，使核心人才能够和公司同舟共济，所以这方面的激励政策是必不可少的。

二、核心人才激励机制的基本内容

核心人才激励机制主要由物质激励、事业激励、情感激励、文化激励和环境激励组成，在激励对象上主要是公司的核心人才，即高层经营管理层、高级管理人员、技术人员和高级技术工人四个层次。

（一）物质激励

对不同的核心人才施以不同的物质激励，使各类核心人才在不同序列中都可以得到相同贡献的待遇，激发各岗位人员成才的决心和欲望。

设立核心人才开发专项奖励基金，定期召开核心人才成长与开发工作会议，对做出突出贡献、解决生产经营难题、取得各类成果、获得各类荣誉表彰的优秀人才，给予一次性奖励和相应的荣誉称号；对优秀拔尖人才，给予专项津贴。

对重大技术课题研究，实行明码招标，解决技术难题的给予一次性重大奖励或一定阶段的高薪待遇。

强化中长期激励。对优秀经营管理人才，要以年薪制为基础，积极探索经营者持股和期权激励制度；对具有专门技能、善于解决技术难题的技术专家，逐步探索技能要素参与分配的办法；对创新型技术人才，要鼓励专利、专有技术、科研成果作为要素参与分配。

通过各种激励手段，设立一些特殊奖项，如优秀专业技术人才、优秀企业经营管理人才、优秀基层管理人才、优秀职工、技术创新奖、岗位能手、最佳新秀、合理化建议奖等,有计划地开展评比奖励活动,激发核心人才的工作积极性和创造性。

(二)事业激励

为各类核心人才设计职业生涯规划,以事业激励核心人才、留住核心人才,促进核心人才与企业共同发展。

(三)情感激励

树立"尊重知识、尊重技能、尊重人才"的理念,通过领导座谈、生日祝贺、设立员工服务中心帮助员工解决生活难题等多种方式,传递公司对核心人才的关怀,体现公司核心人才的尊重和信任,提高核心人才在企业中的地位,以感情留住核心人才。

(四)文化激励

充分发挥企业文化的作用,塑造良好的工作氛围,增进公司与人才之间的沟通,将企业文化融入各类核心人才的思想意识中,成为其世界观、人生观、价值观的重要组成部分,并得到其内心的认可,为其勤奋工作提供强大的精神动力。

(五)环境激励

建立人才申诉通道,为核心人才提供安全、良好的工作、生活环境和平等、公平的政策环境。

第七节 核心人才任用规划

企业组织实施核心人才工程,在主营业务领域和新上项目,在管理、技术、安全、公共关系、财务、投资、人力资源、信息管理等关键岗位,新培养或引进紧缺的复合型管理人才、高级专业人才、创新型高级技术人才、高级操作技能人才,形成专业配套、门类齐全、梯次配备的核心人才群,基本满足集团发展需要。

四类关键人才使用方向规划，如表 6-3 所示。

表 6-3　四类关键人才使用方向规划

管理人才	可胜任企业全面领导工作或某个方面领导工作，可补充进各分公司及其他新上项目的领导班子，或作为新上项目的产权代表
专业人才	在公共关系、财务、成本控制、投融资、人力资源、安全管理、信息管理等方面具有较强能力，精通业务的业务骨干。企业需要这类专业人才，满足企业各项关键职能对高层次专业人才的需求
技术人才	这类人才是经验丰富、素质高，能承担或领导主营业务或新上项目重大技术开发、技术推广项目的高、精、尖技术人才 根据项目开展规划进行新上项目的专题研究，达到各项目都有掌握国内外前沿技术的专业技术带头人
技能人才	在重点工种、重点工艺上技艺精湛，一专多能，有绝招、绝技和丰富的实践经验，能够解决生产、运行操作过程中技术难题的技术能手 提前进行新上项目、设备的操作和维护技能研究，保证每个新上项目都有高级技能人才参与

第八节　核心岗位与核心能力清单

　　企业应建立"核心岗位"目录和"核心能力"目录，并在企业内部公开发布；公布核心人才奖惩机制、激励机制、任用机制、培养机制等一系列倾斜政策与机制；引导和激发员工"自主学习和自我发展"，实现核心人才培育与发展的双向驱动模式，即以企业在核心人才发展中的统一规划、统一投入、统一管理为主导，以员工职业发展、自我发展为辅助，双轮驱动，双向牵引。借此，建立起核心人才复制这一人才内生机制的生态环境。

【案例】

可列入集团公司"核心人才库"的岗位清单

K公司是一家互联网企业，可列入该公司"核心人才库"的岗位，除集团公司直接管理对象外，还应包括编制在二级集团但属公司层面的关键岗位。对列入集团"核心人才库"的岗位，集团公司人力资源部应对其选、育、用、留进行重点关注。

可列入集团公司"核心人才库"的岗位建议如下。

（1）二级集团经营班子，包括董事长、副董事长、董事、监事会主席、总经理、副总经理及其他高管人员；党组织书记、副书记、纪委书记、工会主席。

（2）集团公司各职能部门正、副职负责人。

（3）三级公司负责人，包括但不限于董事长、总经理、党组织书记。

（4）各二级集团董秘、财务总监、总部各部室正、副部长（主任）岗位。

（5）各二级集团总工程师、副总工程师和专业技术序列中、高级工程师岗位。

（6）集团公司和各二级集团专业管理序列中战略管理、投资管理、人力资源、资产管理、法律、公共关系、安全管理、财务审计、信息管理等高级主管及以上岗位。

（7）各二级集团操作工勤序列中技师岗位。

（8）其他列入集团公司"核心人才库"的关键岗位。

本章回顾

※ 企业"核心人才库"的建立，应结合企业战略规划对核心人才的需求、核心人才现状与核心人才发展规划的实际，对关键岗位进行评估，确定核心人才的胜任能力特征和要素，并形成核心人才甄别标准，借此作为甄选核心人才入库

的判定标准，建立企业的"核心人才库"。

※ 企业对"核心人才库"实行动态管理，人员的入库、出库、淘汰由企业统一操作进行。

※ 企业引导和激发员工"自主学习和自我发展"，实现核心人才培育与发展的双向驱动模式，即以企业在核心人才发展中的统一规划、统一投入、统一管理为主导，以员工职业发展、自我发展为辅助，双轮驱动，双向牵引。借此，建立起核心人才复制的人才内生机制的生态环境。

※ 核心人才入库需要重点关注"人才盘点"和人才评估两个环节，"人才盘点"是一项细致而繁杂的工作，非常重要，是核心人才选拔的基础。人才评估是盘活人力资源的关键环节，能有效地激发核心人才的主动性和创造精神。

※ 企业坚持物质激励与精神激励相结合，健全、完善核心人才的分配、激励、保障制度，形成一整套支持核心人才成长、加快核心人才开发、激发核心人才活力的核心人才开发激励保障机制，用制度留住核心人才，用制度保障核心人才开发实效。

※ 企业应建立"核心岗位"目录和"核心能力"目录，并在企业内部公开发布。

第七章
"核心人才库"的管理

【章节导读】

  "核心人才库"的管理应坚持"统一标准、满足需求、逐级遴选、统一管理、资源共享"的原则，以遴选、培养、任用、淘汰四个环节为着力点，建设并管理"核心人才库"。

  企业对"核心人才库"实行动态管理，每年应结合在库人才的年度绩效考核结果对各核心岗位的核心人才进行绩效评价和能力发展测评。同时，根据考核测评结果进行任用调整，使"人才库"实现资源共享、统筹安排、均衡使用。

  "核心人才库"管理的任务主要包括核心人才管理任务、核心人才管理流程、核心人才进出库机制、在库核心人才管理机制、"核心人才库"管理流程、在库核心人才淘汰机制、在库核心人才能力发展测评机制、核心人才收入分配与任用管理等一系列配套机制。

  "核心人才库"是核心人才管理的重要载体，是企业在核心人才遴选、培养、任用、淘汰、激励等各方面配套政策与机制共同作用的一个大汇集，更是企业获得核心人才复制能力的关键所在。

第一节　搭建核心人才管理体系

随着企业的快速发展，对核心人才的需求量越来越大，但是，一些国有企业由于机制约束，需要建立一套有效的核心人才管理体系，以吸引、培育、留住核心人才，不断优化人才队伍结构。

企业为了实现战略目标，进行人才储备与培养时，按照20%的核心员工决定了80%的公司业绩这一原理，对核心人才的储备与培养是重点。公司应建立向下核心人才倾斜的储备、发展和激励体系，不断培养核心人才，吸引核心人才，激发核心人才的潜能。

"核心人才库"是核心人才管理的重要载体，是企业在核心人才遴选、培养、任用、淘汰、激励等各方面配套政策与机制共同作用的一个大汇集，更是企业获得核心人才复制能力的关键所在。

企业搭建核心人才管理体系，需从以下方面着手，如图7-1所示。

第二节　"核心人才库"管理原则

企业为了实现人才战略规划的各项目标，应使企业各类核心人才的创新智慧竞相迸发，使人力资源管理体系成为企业发展的核心竞争优势和重要保障平台。企业需要完善"核心人才库"的管理，完善核心人才的考核和动态管理机制，完善人才职业发展路径。

1	建立关键岗位评判体系，确定谁是核心人才

关键岗位的评判因素　　　　　　　　建立关键岗位基础数据库
①岗位的决策地位　　　　　　　　　①关键岗位目录
②岗位的战略地位　　　　　　　　　②关键岗位在岗人才状况
③岗位的可替代性

2	建立核心人才的储备和发展体系

建立核心人才储备体系　　　　　　　建立核心人才发展体系
①为关键岗位储备核心人才　　　　　①加强对核心人才的培训
②通过招聘新员工进行储备　　　　　②加强核心人才的职业发展规划
③建立动态核心人才储备计划　　　　③建立核心人才轮岗和继任计划

3	建立向核心人才倾斜的激励体系

薪酬体系　　　　　　　　　　　　　绩效管理体系
①建立体现岗位价值的薪酬体系　　　①加强对核心人才的绩效管理
②拉大不同岗位价值对应的薪酬差距　②建立量化的 KPI 考核体系
③拉大薪酬与业绩挂钩的幅度

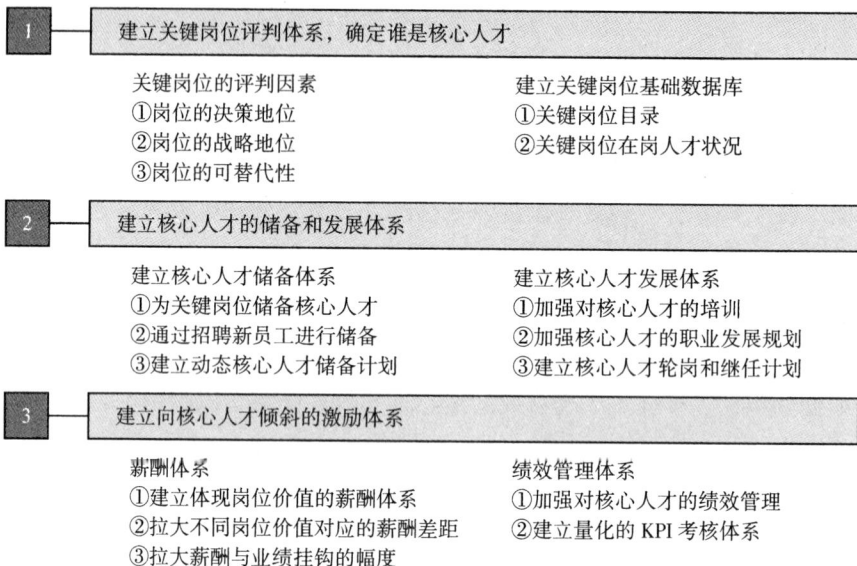

图 7-1　企业搭建核心人才管理体系

"核心人才库"管理，应始终遵循以下原则：

战略导向、与内外部环境相适应原则。"核心人才库"管理应以集团发展战略为导向，确保与内外部人才供应环境相适应、相协调，并能根据战略实施情况进行动态调整。

核心人才优先、以用为本原则。企业应把充分发挥各类核心人才的作用、提高人的价值作为人力资源工作的根本任务，积极培养核心人才、引进核心人才，积极为各类核心人才工作和价值实现提供机会和条件。

系统规划、有效保障原则。企业要系统地反映出人力资源的结构需求，使各类核心人才以科学的比例恰当地结合起来，优势互补；有效保障企业对于核心人才在数量和质量上的需求。

高端引领、共同发展的原则。企业应充分发挥高层次、高技能核心人才在企业发展中的引领作用，重点引进、培养一批综合素质高、开拓能力强的复合型管理人才和外派人才，培养一批技术水平高、创新能力强的专业技术人才，培养一批技艺精湛的高技能人才，统筹推进核心人才队伍建设，并能够保证企业和员工共同发展。

第三节　核心人才管理的任务

　　企业需要结合发展战略，以激励和留住核心人才为目的，对核心人才进行系统化、动态化管理。加强核心人才对公司的忠诚度、激发核心人才的工作投入和敬业精神，以实现创造和发展公司的核心技术，建立和推动公司的管理升级。

　　核心人才管理的任务体现为核心人才甄选、核心人才入库、核心人才培养、核心人才出库、核心人才任用、核心人才淘汰等内容。

一、核心人才甄选

　　完善招聘配置与甄选体系。完善人才外部引进机制，明确关键岗位人才甄选和招聘标准，完善招聘渠道。完善中、高级人才内部晋升、调配、退出管理机制；建立以能力评价为中心的制度。

　　明确公司招聘管理的职责分工，人力资源部门主管需要承担起选人职责，优化核心人才招聘流程，规范招聘计划管理、组织、甄选和试用期考核等工作，保证引进的人才水平高并提高适岗性。

　　制定科学合理、行之有效的甄选机制。通过简历初次筛选候选人，进行一次至两次面试，与相关招聘人员和部门人员作充分沟通并认真执行，根据实际情况不断更新。

　　甄选成本效益。在确认甄选（评估、面试）方式及流程的基础上，制定甄选成本预算，进行成本效益分析，控制不必要的费用支出。

二、核心人才入库

　　企业"核心人才库"建设需要相应的管理制度，以调动"核心人才库"建设工作的积极性，形成统一领导、各司其职、密切配合的良好管理格局。

企业实行核心人才入库资格审查制度和优胜劣汰制度。"核心人才库"建设首先要把好资格审查关。应制定包括"品德、学历、职称、知识、能力、业绩"等多元素质的核心人才资格认定标准，建立包括组织提名申报、公示评议等环节的"选才入库"程序，真正让有真才实学的核心人才入库。"核心人才库"建设要有一定的规模限制，并实行"蓄水式"管理，不断发现、吸收各类核心人才入库。要全面引入竞争机制，给入库人才以继续学习提高、施展才华的压力和动力，使企业"核心人才库"真正变为精英人才的基地。

三、核心人才培养

企业核心人才队伍建设按经营管理、专业技术和操作技能三大序列统筹推进，形成专业配套、门类齐全、梯次配备的核心人才群，基本满足企业发展需要。

企业加大核心人才的自主培养和开发力度，根据三大序列和后备人才的岗位系统、任职层级、职业发展方向等特点，采取岗位培训、知识更新、专项培训、外出深造、兼职锻炼、自主选学、网络教育、岗位轮换等多种方式，进行有针对性的核心人才培养与开发工作。

四、核心人才出库

企业对"核心人才库"实行动态管理，人员的出、入库由企业统一操作进行。核心人才队伍每年选拔一次，将符合入库标准、取得突出成绩，具有优秀技能的人才充实进"核心人才库"；对工作业绩不突出，或其他原因跟不上公司发展需要，不再符合标准的人员及时进行出库或调整。

进入"核心人才库"的员工，经过一段时间培养后，企业会根据目标岗位/通道层级对核心人才的需要，在"核心人才库"中选拔继任者，选拔成功者成为继任人而"出库"，选拔失败者淘汰"出库"。一批人才"出库"了，企业根据储备人才的需要，又会甄选一批人才"入库"，周而复始，不断为企业培养合格的继任人才。

五、核心人才任用

在核心人才使用方面，通过 ERP 系统中的 e-HR 信息模块，提供完整而准确的员工信息，使得 HR 管理流程更加高效。

企业建立了"核心人才库"，采取招聘、轮岗等方式进行后备人才培养，通过内部调配、竞聘等方式实现核心人才的流动和使用。同时，企业要积极促使核心人才效能提高，促进核心人才开发利用体制全面创新，使人才辈出、人尽其才的环境基本形成。通过竞争择优，在竞争中发现核心人才、使用核心人才和造就核心人才，使核心人才脱颖而出，同时增强人岗匹配度，保证员工队伍的活力和朝气。

企业应定期完善核心人才识别、开发和使用体系。绘制出企业核心人才图谱，完善三大序列员工职业发展通道，建立起"关键和后备人才库"，提高核心人才使用效率。着力构建与公司相适宜的战略性人力资源管理体系，以高效的组织能力推动企业战略的实现。

六、核心人才淘汰

一些企业在人才选拔和任用过程中主要采用组织任命的方法，公开竞聘开展不够，考核趋中化严重，缺乏末位淘汰的压力机制，缺乏能上能下的竞争、退出机制，不利于人才的脱颖而出。

企业需要畅通出口，适当引入淘汰机制，制定内部人才淘汰、退出管理办法，为公司提升劳动生产率、优化人员结构创造条件。应设立一定的淘汰比例，加大淘汰力度，激发核心人才的竞争意识和危机意识。同时，在核心人才引进方面，应着重优化结构，以引进高端、紧缺的核心人才和储备人才为主，加大对新入人员的入职辅导和培训。

【案例】

"核心人才库"如何建设

M集团公司是一家家电制造企业。公司拥有员工近千人。M集团正在酝酿积极、稳妥、有效地进入资本市场的方案，以进一步强化集团资本运营能力。企业团队结构也在不断地完善和壮大，向着专业化、管理型方向发展。

（一）现状问题

随着M集团规模的不断扩大，公司对核心人才的需求越来越多。鉴于企业的性质，对技术人员的需求相对而言会比较多一点，但是优秀的技术人员在市场上比较欠缺。由于各个相同性质的子公司间的实力不同，在人员配备上也有所不同，有的子公司人才济济，有的子公司人才欠缺严重；加之很多工作是采取项目制的模式进行，因此，不同公司、不同项目间的人员进行有效的调配就显得至关重要。

然而由于集团公司的各个子公司的人才使用相对独立，彼此之间未实现有效的共享，集团在各个子公司之间的人才使用不能有效地统筹调配，就使得整个集团的人才统筹使用或者是优秀人才的发掘存在一定的障碍。即一方面，由于各个子公司的独立运作，集团总部无法直接、有效地快速了解各公司人员的信息，进而发掘内部优秀人才；另一方面，各个子公司各自为营，在人员调配上不愿意轻易让本公司的人才外流。这给集团总部进行整个集团的人员配置与管控提出了挑战，也是困扰集团领导盘活内部人力资源资产的最大障碍。

（二）中略咨询方案

M集团在核心人才任用上，应该充分地发挥内部人员的潜力与作用，让全集团的核心人才有大的共享平台和施展才华的平台。中略咨询顾问团队建议：对一个大型的企业而言，必须有一个综合的、系统的人才发展规划，应尽一切可能盘活现有的人力资源资产；企业应建立一个集团性质的"人力资源中心",便于集团内部的人员信息得以共享,建立企业内部的"人才库";发掘企业内部潜在能量,系统培养企业所需要的各类人才,实现集团与子公司人力资源的有效统筹,为企业后备人才的储备奠定良好的基础。为将合适的人放在合适的位置上奠定基础,做到人尽其才。

在企业内部"人才库"建设过程中,如何有效地盘活现有人员,发挥大家的才干和积极性,实现人员动态管理,打造人才培养平台,中略咨询顾问团队建议从以下五个方面入手开展工作。

第一,人才数据库建设,重在集团内部人才数据的收集与分析,甄选出企业内部的优秀人才,以作为后备人才使用。在人才数据库建设过程中,如何从各个子公司的人员中选拔出优秀的人员,人员必要信息的准确与全面是前提,这需要集团对各个子公司进行人员信息的收集。在人员信息收集的过程中,一定要分清楚哪些信息是必要的,哪些信息是重要但不必要的,从而更有效地选拔出优秀的人员。如对一名员工岗位调动记录信息的收集,就可以根据该名员工的职业发展状况看其是否具有一定的潜力与能力。在收集信息的过程中,一定是在全面的基础上突出重点。

第二,人才配套机制建设,主要体现在人才选拔体系建设和人才薪酬分配机制建设。"人才库"中人员的选入需要经过人才选拔以及相应的薪酬机制建设,才可以对后续的储备人才的培养发挥作用。

第三,系统性人力资源提升,重在体现各个岗位的用人市场化,即在内部进行人才的竞争性选拔,并非所有的人员都可以进入"人才库",需要具备相应的条件。

第四,人才评价体系建设,主要是从岗位评价、任职资格评价、业绩评价三方面体现人员的价值,达到人岗匹配,人尽其才。

第五,人才素质、能力提升,主要是通过学习型组织建设和增强培训体系建设实现,从而使得集团内部所有人员在素质、能力上有所提升。

综上所述,在盘活集团内部现有人力资源资产过程中,内部"人才库"

的建设是一种有效的方法。同时，在内部"人才库"建设过程中，有效地收集内部人才必要信息又是一个基础，只有这些基础性工作做到位了，企业的人才统筹才可以运筹帷幄。

第四节　核心人才引进机制

企业依据战略和发展要求，强化岗位分析，明确岗位的职责、任职条件、发展空间和薪资待遇，在内部人员储备短期内难以满足业务发展需要的情况下，应适当加大外部核心人才引进，扩大核心人才社会化招聘规模，提高核心人才的市场化配置水平和能力。

从外部引进核心人才时，应注重其特点和相应的引进方式。

引进高级管理人才、业务人才和技术专家时，主要招聘具有大型企业实际工作经验的人才，瞄准国内外同行的"标杆企业"，寻找企业发展需要的核心人才。通过制定倾斜性的薪酬策略，必要时采取协议工资方式，增强企业吸引外部核心人才的能力；加强和完善内部举荐制度，充分吸引核心人才；必要时可采取与猎头公司合作的方法。

在人才储备方面，主要引进年轻的人才。积极实施"走出去"政策，一是积极与相关院所和高校提前进行对接，建立定向、委托培养协议，设置奖学金，合作培养公司紧缺人才，提前抢占人才资源；二是拓宽人才吸纳渠道，对于紧俏专业的人才，提前与相关大学合作，建立实习基地和实习生考评选拔制度，允许毕业生提前半年到岗，企业提供半年实习和毕业设计机会，给予实习补贴和特别关照，从源头上保证人才的质量和数量。

第五节 核心人才选拔与任用机制

通过有针对性的岗位拓展，开发核心人才潜能。以"因事设岗"为基本原则进行岗位设置与调整，但对于一些具备特殊技能、拥有特殊资源或高能力素质的关键岗位员工进行岗位拓展——"因人设岗"，赋予特殊的工作使命，使其特殊技能或高能力素质得以充分发挥。

完善干部任期制度和轮岗、交流制度。坚持和健全干部任期和轮岗交流制度，在同一岗位工作满一定年限或两个任期的，及敏感的、重要的职位，强制进行换岗交流。建立系统的轮岗体系，为能力匹配或超过岗位要求的员工提供轮岗锻炼机会，以进一步激发核心人才潜能。如果是集团公司，在总部与下属公司及下属公司之间进行干部交流，以培养复合型人才。

扩大核心人才内部竞争机制，开发核心人才潜能。在选人用人方面坚持市场配置与组织配置相结合，积极推行公开招聘，竞争上岗，公推、公选、公示等竞争性选拔任用方式，引入竞争机制，扩大选人、用人视野。通过竞争择优，在竞争中发现核心人才、使用核心人才和造就核心人才，使核心人才脱颖而出，同时增强人岗匹配度，保证核心人才队伍的活力和朝气。同时，结合组织调配的形式对特殊人员进行岗位配置。

建立核心人才能上能下、能进能退的管理制度，明确核心人才免职、解聘、撤职、辞职、待岗的刚性条件；设立一定的淘汰比例，加大淘汰力度，激发核心人才的竞争意识和危机意识，形成核心人才退出的常态机制。淘汰可结合转岗、待岗、辞退等多种形式综合运用。

建立内部核心人才柔性流动机制。充分利用内部网络，发布核心人才需求信息，鼓励各类核心人才向更有利于发挥作用的岗位流动，促进核心人才总体效果最优。在晋升制度中予以明确，向有多部门、多岗位工作经验的人才优先倾斜，以实现人才平衡。

对核心人才建立业绩档案，将核心人才的任职情况、培训情况、奖惩情况、综合考评结果等录入人才档案，作为人员任免、奖惩和"核心人才库"管理的重要依据。

第六节　核心人才培养与培训机制

企业未来对于人力资源的需求，除增加人员外，现有核心人才队伍结构的优化和技能水平的提高也具有重要的意义。这需要提高培训资源的产出效率，具体包括以下几点。

整合培训资源，有计划、有重点地加大培训投入，建立"企业内、外部师资库"，挖掘并构建三大序列的内部师资队伍。

结合企业业务需求和核心人才职业生涯规划，设计关键岗位的学习路径图，提高培训的针对性。根据不同层级和岗位员工任职资格和能力、素质的要求，通过在岗培训、脱岗培训、基层实习、工作交流等多种形式，按照"必修"和"选修"的方式让员工接受培训，并与绩效考核、晋升晋级等挂钩，提升员工的学习热情。

启动专业对口深造政策。启动"圆梦计划"，从具有较大发展潜力的人员中，每年选拔一批作为核心人才后备，输送到相关院校进行专业对口深造。

对管理人员坚持做好任职基础、任职资格和在职研修三个阶段的培训学习，加大法律、财会、金融、工商、资本运营等专业知识的培训力度，选送优秀经营管理人才到国内外知名大学和著名企业进行培养及深造，鼓励攻读工商管理硕士研究生，并参加国际公认、知名度高的职业经理人执业资格认证。

开展学习积分制政策。配合各序列的学习路径图，在企业组织开展集中培训的基础上，要求核心人才根据自身岗位、技能及未来发展需要，积极开展自我学习，企业在课程、资料方面给予支持和引导。为量化和加强管理，可实施学习积分制，将各类学习行为和成果转化为学分，予以年度累计，并对各层级设置"最低学分"要求，作为晋级、晋升、加薪及个人评先的必备条件，未达要求的，不予批准；同等条件下，历史学分较高优先考虑。

【案例】

核心人才培养体系搭建

N公司是一家具有多年发展历史的广告公司。但是，成立之初，公司缺乏对人才的正确认识，人力资源管理采取"以工资为核心"的方案。可以说，N公司是把"人才"等同于"人力"，缺乏核心人才激励、核心人才培养等管理机制。

随着公司业务的平稳发展，业务范围逐渐扩大，公司规模也越来越大，员工数量逐年增多。在这个过程中，公司逐渐暴露了一些人力资源管理问题，诸如人员流失率有增加的趋势，其中也不乏优秀的核心人才提出离职，员工的工作积极性也不高。这些问题的出现引起了公司领导的高度重视，尤其是对核心人才的培养方面。正是因为如此，N公司领导邀请中略咨询顾问专家进驻企业，希望能借助第三方的专业力量帮助企业搭建完善的核心人才培养体系。

（一）现状问题及分析

面对日益激烈的市场竞争和不断扩大的业务规模，N公司需要进一步地充实和稳定核心人才队伍。目前，公司在核心人才培养方面存在以下几个方面的问题。

1. 缺乏科学、合理的核心人才培养战略

访谈中，中略咨询顾问团队发现该公司领导缺乏对核心人才的正确认识，公司适用的人力资源管理手段仍停留在传统的人事管理阶段。由于缺乏对核心人才的正确认识，N公司没有明确的核心人才培养战略，导致核心人才培养方面的工作比较混乱。具体主要表现在以下两个方面：①人员招聘缺乏规划，采取"现用现招"的策略，无法及时满足人才需求，更不用提"核心人才库"和储备人才队伍的建立；②人才激励缺乏针对性，错误地将人才视为普通的人力，也就是说，对核心人才和基层员工采取同样的激励手段，其激励效果不言而喻，所带来的负面影响也是比较大的。

2. 缺乏完善的核心人才培养体系

目前，N公司对新引进人员只进行简单的企业文化和岗位技能培训，除此之外并没有更深入的培养计划，比如继续教育、岗位轮换、项目导师、个性培养计划等比较常用的培养方法也没有得到应用。由于行业的特点，知识型员工的占比较大。与非知识型员工相比，知识型员工自主性强，且更追求自我成长。但是，N公司并没有建立起完善的人才培养机制，一方面，员工的工作技能无法得到比较快的提升，从而影响组织绩效；另一方面，也容易导致核心人才的流失。

此外，员工在工作中需要的技能大多靠自己摸索，而在摸索的过程中势必会出现问题或是错误，这时候也只能由企业承担损失。再加上N公司员工流失率较大，老员工摸索出来的工作经验往往不能有效地传递给新员工，造成组织知识和经验的浪费。

3. 缺乏畅通的核心人才晋升机制

访谈中了解到，N公司尚未建立起畅通的核心人才晋升机制。与其他企业类似，在员工晋升方面，公司和员工都只注重管理晋升通道，而由于管理职位有限，一些比较优秀的技术人才无法得到有效晋升，这容易导致优秀人才的流失。而在选拔晋升人员时，N公司也缺乏必要的、公平、公正的选拔标准，这容易导致两个方面的问题：一方面，部分工作能力一般，但是在领导面前会表现或者与领导关系比较近的人容易得到提升，一旦发生这种情况，会严重打击优秀人才的工作积极性，也无法保证所提升的员工能够胜任岗位；另一方面，公司在提拔员工时，倾向于提拔在原有岗位上表现比较出色的员工，特别是一些技术人才，但实际上，很多优秀的技术人员并不一定具备管理潜质，往往晋升到管理岗位之后会出现不胜任岗位的现象。

（二）中略咨询解决方案

通过对 N 公司管理现状问题的深入分析，结合对该行业的深入研究和分析，中略咨询顾问专家提出"建立基于胜任力的核心人才管理体系"的设计思路。

1. 通过供需平衡分析，制订核心人才管理的总体规划

中略咨询顾问团队经过研讨之后，认为企业的人力资源管理规划实际上是三个层面的规划：一是企业不断适应不同竞争环境和各项条件下所设定的人力资源管理政策与原则；二是依据以上原则和政策，企业结合自身核心优势和团队能力设定的具体规划和策略活动；三是实现策略活动所需要的人员数量规划、结构规划、流动率标准以及核心人才能力规划等，其目的是落实企业的发展战略。

针对 N 公司核心人才管理方面的困惑和问题，中略咨询提出建立基于供需平衡分析的核心人才管理规划，即通过企业战略明晰和对核心人才的范围界定，深入分析当前人才状态，由此建立核心人才的目标管理体系，并制订具体的规划实施方案。

2. 建立有针对性的人才培养机制，实现员工与企业"双赢"

针对如何完善 N 公司人才培养机制，中略咨询建议针对不同核心岗位的工作特点和所需人员能力、素质的特点，制订个性化的培养计划，并采取相对应的培训方法。其中，结合核心人才评价的理论和观点，中略咨询顾问专家指出，对于高层管理者需重点提升其管理意识。意识受环境的影响较大，

因此可采用角色扮演的培训方法对高层管理者进行培训，以不断提高其管理意识。同时，顾问专家指出，为给企业进一步发展提供足够的人力资源支持，避免过度依赖某几个核心人才企业，需建立自己的"人才库"和后备人才队伍，并针对后备人才有待进一步发展的能力和素质，提出相应的培养和提升途径，以此作为公司后备人才能力培养和提升的资源库。

3. 建立以胜任力为基础的核心人才选拔机制，明确选拔标准

中略咨询顾问团队认为，企业的核心人才必须符合两个关键条件：对企业价值大，在市场上较为稀缺，也就是既对企业作用大又难找的人才。对企业作用大，但是在市场上相对容易找寻的人才只能算是通用人才。在市场上好找，作用较小的称为辅助人才。依托多年的咨询实践经验和专业研究，通过对本企业工作特点的深入研究及同行业其他企业的深入调研和分析，中略咨询顾问专家团队帮助该公司确定了几大关键岗位，在大量工作分析等基础工作的基础上，为关键岗位建立了胜任力素质模型，并进一步明确了核心人才的选拔标准，对选拔标准也尽可能地量化。在此基础上，为了帮助 N 公司实现公平、公正的人才选拔，顾问老师建议建立一套完善的竞聘上岗管理机制。

4. 建立科学、合理的"双通道"晋升机制，实现有效激励

针对如何建立科学、合理的晋升机制，中略咨询顾问专家建议 N 公司搭建技术和管理的"双晋升通道"，即员工可以通过竞聘管理职位得以晋升，也可以通过在本技术领域进一步深入研究，获得技术职称而晋升。对技术钻研有优势的人员可选择深入技术研究，踏上技术专家的晋升道路，而一些相对来说协调能力比较强、具备一定管理能力的人可选择管理职位的晋升。"双通道"设计充分考虑了员工的个人兴趣、动机等因素，将原有的"单通道"扩展到"双通道"。员工可根据自身的特点、优势等考虑适合自己的发展方向，企业给员工提供了良好的发展机遇和平台，为公司的创新发展奠定坚实的人才基础，有利于促进企业和员工发展的"双赢"。

第七节 核心人才职业发展辅导机制

完善核心人才管理体系，建立员工纵向晋升和横向跨岗的多元化职业发展通道，拓宽核心人才发展机会和空间；明确职业通道各层级任职资格标准，引导核心人才成长，提高核心人才使用效率。

建立基于绩效考核体系的核心人才职业生涯规划。结合年度绩效考核结果，每年年末开展核心人才职业发展谈话，要求各级人事部门在了解核心人才职业生涯计划和要求的基础上，具体分析核心人才是否符合拟定职业发展的要求及符合的程度，帮助核心人才共同制定职业发展策略和具体的年度发展计划。根据年度计划，再制订有针对性的核心人才培养方案，将核心人才发展计划落到实处，并对核心人才发展计划完成情况定期反馈，加强能力提升与绩效改进的实效性。

重点关注核心人才职业生涯发展规划。对处于关键岗位的核心人才，通过职业锚价值确定的方法，为其分别制定职业发展目标和实施方案，并辅导实施。如图 7-2 所示。

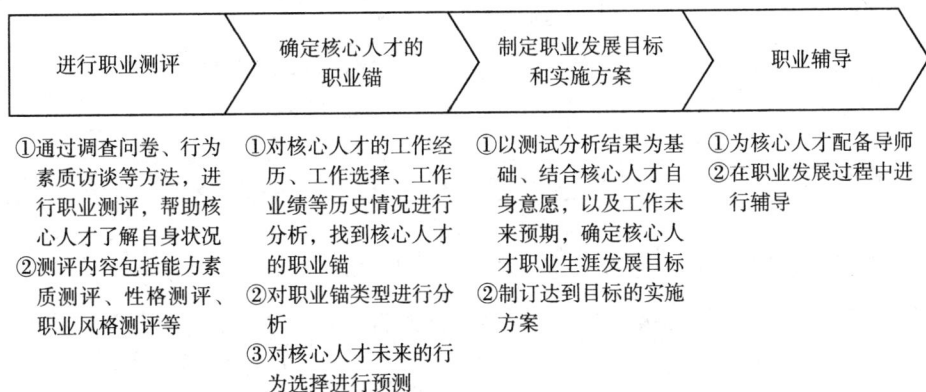

图 7-2 核心人才职业生涯规划流程

第八节　核心人才考核、评价机制

　　企业需要逐步强化绩效考核体系，应按照"管人与管事相结合、过程与结果相衔接"的管理要求，注意区分人员层次类别，注重靠业绩和贡献评价各类核心人才。同时，加强绩效的过程管理，加强考核结果的反馈与运用，帮助核心人才不断改善绩效。

　　为实现考核的激励意义，绩效考核体系应注意如下要点。

　　（1）建立战略导向的考核指标体系。通过平衡计分卡和"战略地图"，确定集团的各项战略关键因素，进而确定公司、部门关键业绩指标（KPI）；同时，结合业务流程分析确定每个岗位的关键指标，建立完整的绩效管理体系。

　　（2）针对不同序列的核心人才，确定不同考核评价内容，如表7-1所示。

表7-1　不同序列核心人才考核、评价重点内容

岗位序列	重点考核、评价内容
管理人员	围绕"德、能、勤、绩、廉"五个方面，主要评价其综合素质和经营业绩
专业技术人员	在突出项目成果和参与项目实践经历的基础上，主要评价其科技攻关能力、技术创新能力、成果转化能力以及实际效果
外派人员	侧重评价履职情况、经营成果、管理状况、资本运营、资本保值增值等内容
总部各职能部门人员	结合管理转型的要求，增加管理和服务两个方面的内容，管理、服务不到位都是失职
操作人员	主要评价实际操作技能以及解决现场问题、掌握运用新技术、新工艺的能力和实效

　　调整绩效考核主体和考核权重，注重多方位的绩效评估，以保证评估的客观性与准确性。针对不同层级人员，应采取不同的考核、评价方式，如表7-2所示。

表7-2 不同岗位层级人员考核、评价方式

岗位层级	考核、评价方式
三大序列高层人员	围绕关键业绩指标和岗位贡献,采取结构化述职的方式进行多维度评价
专业技术和管理序列中的高级人才	围绕工作业绩、工作态度和工作能力设置考核指标,采取多角度评分的形式进行考核、评价

本章回顾

※ 企业坚持"统一标准、满足需求、逐级遴选、统一管理、资源共享"的原则,以遴选、培养、任用、淘汰四个环节为着力点,建设并管理"核心人才库"。

※ "核心人才库"实行资源共享、统筹安排、均衡使用的原则。

※ "核心人才库"是核心人才管理的重要载体,是企业在核心人才遴选、培养、任用、淘汰、激励等各方面配套政策与机制共同作用的大汇集,更是企业获得核心人才复制能力的关键所在。

※ 核心人才管理的任务,体现为核心人才甄选、核心人才入库、核心人才培养、核心人才出库、核心人才任用、核心人才淘汰等内容。

※ 企业依据战略和发展要求,强化岗位分析,明确岗位的职责、任职条件、发展空间和薪资待遇,在内部人员储备短期内难以满足业务发展需要的情况下,适当加大外部核心人才引进,扩大核心人才社会化招聘规模,提高核心人才的市场化配置水平和能力。

※ 企业扩大核心人才内部竞争机制,开发核心人才潜能。在选人、用人方面坚持市场配置与组织配置相结合,积极推行公开招聘、竞争上岗、公推公选公示等竞争性选拔任用方式,引入竞争机制,扩大选人、用人视野。

※ 完善核心人才管理体系,建立员工纵向晋升和横向跨岗的多元化职业发展通道,拓宽核心人才发展机会和空间;明确职业通道各层级任职资格标准,引导核心人才成长,提高核心人才使用效率。

第八章
核心人才甄选管理

【章节导读】

对于企业而言，甄选出有能力、有潜力、与岗位匹配和认同企业文化的核心人才是一个艰巨的任务和挑战，也是企业人力资源管理的战略价值所在。因为"选才"从来都比"育才"重要。

企业需要遵循"从思想—方法—解决方案"的系统工作思路，对组织目标进行系统思考，建立核心人才甄选标准，整合合适的核心人才甄选管理工具和方法，制订可操作的解决方案，提高核心人才甄选的工作效率，保证核心人才的质量。

核心人才甄选管理任务主要包括核心人才甄选流程、核心人才甄选的组织与实施、核心人才甄选管理、核心人才甄选的工具与方法、核心人才甄选后期管理等。

在核心人才的甄选上，我们不得不承认"选才"优于"育才"，因才而育，量才而用，才是科学的"人才发展观"。因此，核心人才的甄选不仅需要关注对象的主观意愿，还需要兼顾对象的技能现状以及对象潜在的职业性向，尊重客观规律。

第一节　核心人才甄选策略

在核心人才的甄选上，我们不得不承认"选才"优于"育才"，因才而育，量才而用，是科学的"人才发展观"。如何运用科学的"人才发展观"选拔、考察、评估、任用、配置各企业所需的核心人才是形势所迫、大势所趋。

企业要保持持续、稳步和健康发展，使战略目标成为现实，必须有一支阵容强大、实力雄厚、精明强干、门类齐全的核心人才队伍作为坚强后盾和强力支撑。但是科学选拔核心人才是一项复杂的、动态的系统工程，既要有良好的愿望和超前的意识，又要有新颖的思路和科学的方法，唯有如此，才会有实效。

一、明确核心人才的能力、素质要求

核心人才已成为推动当今企业发展的真正动力，谁拥有高层次的核心人才，谁就能在白热化的市场竞争中稳操胜券。因为核心人才是现代企业变革、创新和发展的领导者、指挥者，正因如此，我们必须探索一个选拔企业核心人才的有效方法。要做到这一点，应该有清晰、新颖的思路，明确核心人才应具备的能力、素质，这是解决问题的首要条件。

那么核心人才应具备什么素质？根据国际竞争规则和企业发展需要，我们认为在培养和造就企业核心人才时要注意发掘智慧型、复合型、高效型的精英管理人才，注重把握当今世界培养和造就企业集团管理人才组合的十大特征，即观念超前化、思路清晰化、目标远大化、情操高尚化、思维逻辑化、认识客观化、才能出众化、智商超常化、知识综合化、经营国际化。注意适应对企业集团各级管理人才的培养出现的十大趋势，即教育开放化、培训实用化、教学目标化、学习终身化、收效明显化、交流国际化、管理科学化、手段现代化、培养制度化、考察定期化。在此要抓好三个环节：确定核心人才成长机制、制定核心人才成长措施和营造核心人才成长的环境。

由此可见，核心人才应具备如下素质。

（1）职业素质。作为一名面向世界、面向未来的核心人才，必须具备较高的思想觉悟和良好的职业道德，能坚持按照原则办事，贯彻执行企业的经营方针，与企业的大方针和发展步调始终保持一致，具有强烈的历史使命感和奉献精神，高度认同企业文化。

（2）决策素质。决策实质上是为达到组织目标，通过科学预测、正确分析，果断、大胆和明智地采取有效举措的过程。在企业参与竞争和发展壮大的关键时刻具有决定性的作用，是每位领导者应具备的基本要素。能站在历史的高度，以发展的眼光，统揽全局，把握未来，善于抓住发展的良机，规避风险，加速扩张，超越对手。这对核心人才来说非常重要，是衡量核心人才的主要指标。

（3）领导素质。领导是一个引导群体达到组织目标的行为，核心人才的领导素质包括领导科学、领导行为与领导艺术水平及心理素质等诸方面要素。出色的领导者有很强的影响力、号召力和凝聚力，在群众中有较高的威望，对鼓舞员工士气，提高群体斗志有重大作用。能任人唯贤、知人善任、团结同志和眼光超前，且精于激励、敢于授权、善于协调和勇于实践。

（4）智力素质。核心人才应注重增强自我开发意识，以提高自身的智力素质，这样才能较好地应付变幻莫测的市场竞争。对突发事件能镇定自如、得心应手地处理，真正成为一个有远见、有智谋、有胆识的核心人才。

（5）创新素质。管理者是企业创新活动的倡导者、组织者和推动者。只有在各项工作中居安思危、锐意改革和不断创新，企业才会充满生机与活力，保持强劲的发展态势，在激烈的商战中立于不败之地。企业创新包括思路创新、知识更新、机制创新、战略创新、技术创新、营销创新和管理创新等。创新是现代竞争取胜的锐利武器，并被越来越多的人所认识。因此，现代企业决策者都应具有很强的创新能力，能深谋远虑，棋高一招，先出新招，再创优势，走向领先。

【案例】

某公司的能力素质模型搭建

P公司是一家能源企业，公司员工数量近千人，涵括技术人员、管理人员、基层劳务人员等多个层次类型，安全生产经营形势良好，经济效益明显。

随着企业的迅猛发展，员工人数大增，人浮于事的问题日益明显。该公司也将人员减编提上议程，但是，应该"减"哪些人、如何有效评价员工各方面的能力是管理者的难题。因此，该公司力邀中略咨询顾问团队进驻企业，帮助企业设计一套能落地的员工能力素质模型。

（一）现状分析

P公司面临着员工数量过剩、大量人员闲置的问题，严重影响了企业前进的步伐。公司的发展虽然蒸蒸日上，效益和产量也连获佳绩，但公司员工的过多、过剩却分流了一大部分收益，导致公司的利润停滞不前，甚至出现滑坡。同时，公司也将人员减编和优化人力资源配置提上了管理日程。基于此，公司引入了外部相对较为科学规范的能力素质模型，对员工的能力和素质进行有效评估，并以此为人员减编、人力资源配置提供科学依据，将一些不能胜任岗位的人员辞退、调到适合的岗位或是调到一些边缘性岗位上，并培养、重用一些真正有能力的员工。

但是，在应用能力素质模型的过程中，P公司领导发现，外部的能力、素质模型都是定性描述。比如，解决问题能力的等级划分中，一级的评价标准是"能提出一些解决问题的思路，并取得一定的效果"；二级的评价标准是"能提出比较好的解决问题的思路，并能解决一些问题"；这些定性描述在实际应用的过程中很难区分几个等级之间的差异。虽然有各个等级的划分标准，但使用的过程中受评价人员的主观因素影响较大，难以准确划分人员能力的等级。对于一个员工的表现，有的评价人员要求比较严格，认为其解决问题能力处于一级水平，而有的评价人员要求较为松散，可能会认为其解决问题的能力处于二级水平。这造成了人员评价的不公平性。

同时，员工也不清楚自身的提升方向，不知道P公司鼓励员工做哪些工作或是怎样做工作，也不知道哪些工作行为是不好的。虽然有的外部能力素质模型，在等级划分上相对比较科学，但是又不太适合P公司的工作及人员特点。

基于以上问题，该公司的管理者提出建立一套定制式的、能落地的能力素质模型，依靠公平、公正的评价人员，对人员配置起到真正的指导作用。

通过深入的沟通和访谈，中略咨询顾问团队深入挖掘该公司管理的咨询需求，并进行了梳理和总结。该能源公司的咨询需求主要有三个方面。

第一，应该从哪几个方面对员工进行评价，也即评价什么的问题。有的管理者认为"能力导向"最重要，只要能把岗位工作做好就行，而有的管理者则认为还必须考虑综合素质；有的员工能力是不错，但不遵守纪律、领导交代的工作也不认真做，这一类型的员工也不能委以重任。

第二，应该如何评价员工？目前，该公司对员工的评价主要依赖领导主观打分，这存在两个方面的问题，一个是受领导主观因素的影响过大；另一个则是由于部门人数过多，部门领导很难熟知每一个员工的工作表现，最终导致对员工的评价缺乏公平性、公正性。但是，外部的能力素质模型过于抽象，掺杂了太多定性描述，对能力的优劣判定多以"很差"、"较差"、"较好"、"很好"等标准进行划分，无法给评价员工提供依据，这也是公司管理者头疼的问题之一。到底该如何公平、公正地评价员工呢？公司领导也提出，评价方式不能过于复杂，用起来要简单、易操作。

第三，如何引导员工？该公司的基层员工多为操作工人，文化水平不高，且原有的员工评价标准欠缺科学性，难以给基层员工提供正确的行为引导。同时，基层管理者大多是由基层员工晋升而来的，他们对基层员工的评价方面也存在一定的难度，不知道什么样的员工是"好员工"，也不清楚哪些工作行为是值得鼓励的。基于此，该公司管理者提到，希望能通过定制式的、科学的能力素质模型对这些基层员工提供一定的行为引导，让他们知道公司鼓励哪些工作行为，不鼓励哪些工作行为，从而修正一些"不好的"工作行为。同时，也为基层管理者对基层员工的评价提供一定的依据，确保人员评价的公平、公正。

（二）中略咨询解决方案

通过深入了解该公司的行业、工作特点以及人员特点，针对管理者提出的咨询需求，中略咨询顾问团队经过深入的探讨、分析和数月的辛勤工作，为该公司制定了一整套完善的、能落地的能力素质模型。

1. 从职业能力、职业意识、职业品德三个维度对员工进行综合评价

针对"评价什么"的问题，中略咨询顾问团队提出，从职业能力、职业意识、职业品德三个维度对员工进行综合评价。其中，职业能力包括解决问题能力、执行力、谈判力等，职业意识包括成本意识、安全意识、自律等，职业品德包括处事公道、廉洁奉公、遵章守纪等。

三个评价维度涵盖了员工工作能力、工作态度和职业素养等多个方面，既能保证人才的专业性，也能将员工的工作态度、职业素养考虑其中，保证了对员工评价的全面性，避免出现单方面有优势而又无法胜任岗位的现象。其中，对职业能力的评价有助于深入了解员工的实际工作能力，有效评价员工的岗位胜任能力；职业意识侧重对员工职业思维的评价，以加深对员工职业发展及职业行为的深入评价；职业品德是指员工在工作中必须要遵循的行为准则，也是企业在选人、用人过程中必须要考虑的评价维度。

在选取了评价维度及每个评价维度下的评价指标后，中略咨询顾问专家团队对每一个评价指标的概念及要点进行了详细的描述，以加深评价人员对各个评价指标的了解，帮助其梳理出每个评价指标的关键点所在。

2. 情境导路，界定关键点——工作情境引导下的科学评价

如何评价是该公司面临的第二个难题。虽然对各个评价指标的概念和要

点进行了详细的描述，但是，在具体实施过程中，管理者对区分什么样的行为是"好的"，什么样的行为是"不好的"仍然存在疑惑。同时，管理者也难以做到熟知每个员工的工作行为表现。基于此，中略咨询顾问专家团队经过多年的总结和咨询实践经验，创新性地提炼出最能判断员工能力表现好坏的差别点，即在具体情境下员工的关键行为点，能做到的就是"好"的，不能做到的就是"不好"的。通过员工具体工作情境下的行为表现，即可对员工的具体职业能力/意识/品德进行一定的判断和区分，以帮助管理者更加直观、科学、合理地对一些核心骨干人才进行评价。

3. 关键行为点——明确、科学、可落地实施的等级划分标准

外部通用能力素质模型对不同能力或意识的等级描述多为定性描述，也即对同一行为点不同程度地区分，对不同等级的划分集中在"比较"、"一定"、"很"、"非常"等形容词的区分上，在落地过程中主观因素的影响过大，难以保证公平、公正地对人员进行评价。与外部素质模型不同，中略咨询在能力素质模型等级标准的制定上，十分注重直观性、可行性和具体性，顾问专家团队设计的能力素质模型中，不同职业能力/意识/品德的等级以各个等级的关键行为点为区分标准。处于不同等级的员工，其行为表现必然存在差异，找到每个等级的关键行为点，并加以准确描述，使得评判标准也更直观化。这样，管理者在对员工进行评价时依据各自的行为特征即可对应到相应的等级描述中。同时，对员工提供了有效的行为引导和提升的方向。

(三) 思考与总结

能力素质模型是将人力资源战略和公司整体战略紧密结合起来的重要工具，其作为一个基础建设，对支持员工的发展及多个环节的人力资源管理业务有着重要的作用。但是，在实际建立和实施的过程中，如何界定能力标准、如何行之有效地展开能力评估等是很多企业管理者的困惑所在。

中略咨询提出从职业能力、职业意识及职业品德三个维度对员工进行综合评价，对具体评价指标根据不同等级的关键行为点进行等级划分，并创新

性地提出了"情境维度及界定条件"和"好/坏人模型"的设计思路，在科学、有效地评价人员的基础上，合理引导员工的工作行为，给员工提供了自我提升的方向。

二、核心人才的配置与甄选

建立灵活的人员招聘与调配机制，立足于在盘活现有人力资源的基础上优化人才结构，如图 8-1 所示。

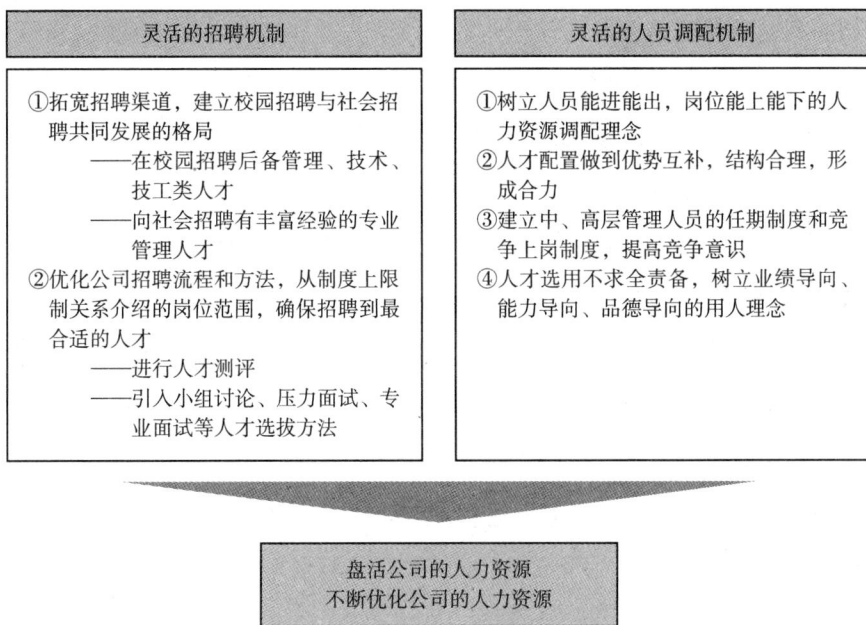

灵活的招聘机制	灵活的人员调配机制
①拓宽招聘渠道，建立校园招聘与社会招聘共同发展的格局 ——在校园招聘后备管理、技术、技工类人才 ——向社会招聘有丰富经验的专业管理人才 ②优化公司招聘流程和方法，从制度上限制关系介绍的岗位范围，确保招聘到最合适的人才 ——进行人才测评 ——引入小组讨论、压力面试、专业面试等人才选拔方法	①树立人员能进能出，岗位能上能下的人力资源调配理念 ②人才配置做到优势互补，结构合理，形成合力 ③建立中、高层管理人员的任期制度和竞争上岗制度，提高竞争意识 ④人才选用不求全责备，树立业绩导向、能力导向、品德导向的用人理念

盘活公司的人力资源
不断优化公司的人力资源

图 8-1　建立灵活的人员招聘与调配机制

三、科学甄选核心人才的途径

科学甄选核心人才包括四个方面。

其一是选才原则正确，即公开、公正、公平，只有出于公心，以爱才之心、求才之渴、识才之眼、举才之德、容才之量和用才之胆去甄选人才，扩大选才视野和用人圈子，才能找到核心人才。

其二是选才标准明确，选拔核心人才应有严格的要求和明确的标准，应从职业道德、文化涵养、工作业绩、组织才能、领导水平和发展潜力等方面进行考评，听其言、观其行、察其绩。

其三是选才程序科学，主要体现在整个过程中。

其四是选才方法合理，要求每道程序有相应的科学、实用方法，具有可操作性。这样，在执行时才会简便易行、富有成效。因此，必须有一套规范、有效和健全的操作程序，以指导选才工作。

科学甄选核心人才的方法。

（1）民主推荐。民主推荐是选才的起点。为了体现选才的客观性、公正性、全面性，应采用全方位推荐的方式，包括领导推荐、组织推荐、自我推荐、同事推荐等。由于民主推荐对核心人才具有基本素质和现实业绩的初始评价作用，因而不论采用何种科学方法，民主推荐始终是选才的基本手段之一。

（2）业绩考核。工作能力测定最实用的方法是通过业绩体现，因而一个人能否得到晋升，业绩考核是很重要的依据。通常考察其工作思路正确与否，工作方法是否科学，工作态度好坏，工作效率的高低，工作效果比较，包括企业内外比较、行业内外比较，甚至国内外比较。这种业绩量化评比与横向比较的考核方式构成现代人事科学考核的新格局、新体系。

（3）素质评价。素质是能力形成和发展的前提，对促进能力的提高具有积极的作用。所以，甄选核心人员，对其素质的要求特别高。一般而言，对核心人才的素质测评是指潜在的能力素质评价，以探知其发展潜力及培育方向。

（4）岗位模拟测试。岗位模拟本质上是以岗位分析为先导、岗位规范为基础、岗位职能为前提、岗位胜任模型为核心，把岗位所需的相关能力转换为若干要素进行测试的方法。因而模拟测试要素的选定及规范操作是实施岗位模拟的核心所在。这种测试方式既有选才的特点，又有实践锻炼的特征，在一定程度上是"相马"与"赛马"的综合。目前，此法在国外的大公司中极为盛行，值得借鉴。

（5）岗位竞聘。为了发掘更多核心人才，真正营造人才辈出的和谐环境，可以通过岗位竞聘制的方式选拔核心人才。采用这种方法能对现在在岗的管理人员形成一定的压力和冲击，迫使他们在本职岗位上做出良好的业绩，消除惰性。

在实际操作过程中，要真正全面、准确和有效地甄选出核心人才，并非易事，需要下功夫、花力气、多思考。上文所谈的几个方法相互联系、相互补充，不可偏废，应结合起来使用，力求达到综合考察、全面衡量和择优选拔。

第二节　核心人才甄选的关键

核心人才甄选是组织积累人力资本、提升基于核心人才竞争优势的起点，核心人才培育应该贯穿于包含人才选拔在内的所有人力资源管理活动之中。只有如此，才能确保核心人才甄选的成功，确保组织发展的可持续性。

核心人才甄选，应该注意以下四个关键点。

一、甄选核心人才要与企业的战略目标相匹配

各个企业在不同的阶段都会制订不同的与实际相适应的总体战略规划。企业在甄选核心人才时，必须考虑资源配置要与战略目标的实现相适应。企业没有战略目标，就谈不上人力资源规划，更谈不上人力资源规划的实施，企业在甄选核心人才时就会出现盲从。

二、甄选核心人才要与行业环境和企业地位相适宜

企业在制订核心人才甄选计划时，首先，要分析所在行业的环境，即行业在整个产业结构中所处的地位如何；其次，分析企业在行业中所处的地位，行业和企业的地位不同所对应的人才层次也不同，企业只有量身定制核心人才甄选策略，才不会导致核心人才的滥用或者流失。

三、甄选核心人才要与地域的经济水平和人文环境相结合

企业甄选核心人才，还要考虑到地域的经济水平和人文环境因素，不能好高骛远，不切实际。企业应尽量帮助核心人才认识本企业的地域环境、人文环境和当地的实际经济水平，提高自身的透明度，这样选与被选双方才能互相了解，才能有益于企业选择合适的核心人才，真正做到物有所值甚至物超所值。

四、甄选核心人才要与企业的成本、收益相结合

在甄选核心人才的过程中，要注意投入成本和所得收益的比例。甄选核心人才应根据岗位性质和人才能力，制订科学的选人计划。对于关键性的岗位，要花大力气选拔那些有能力的人才加盟到企业中，对一些普通岗位，选到合适的人才即可，切不可处处用高人，以免增加选拔成本。

【案例】

微软公司如何进行人才甄选

与其他公司人才甄选特点相比，微软公司的人才甄选具有以下特色。

（一）坚持基于能力的"聘任哲学"

根据公司的"成功六要素"，微软公司把人才能力标准归结为"个人专长、绩效、顾客反馈、团队协作精神、长远目标及对产品和技术的挚爱"等，对每项才能加注定义，对才能的层次加以更贴切的描述，并增加参考书、指导手册和才能卡等辅助材料。

微软公司在招聘过程中会使用这套"能力彩色卡片"，以彩色卡片上列的问题为指导，并在面试及评价候选人时始终坚持同样的标准和要求。

以团队协作为例，团队协作是最能反映微软的企业文化及其强大的竞争力、创造力的。微软公司对"团队精神"的界定是这样的：人人都为开发和

维持富有成效的、高效的和高士气的团队而努力。团队精神方面的核心能力包括沟通能力、冲突协调能力、善于听取别人意见、善于处理人际关系。

(二)　立足于公司文化制定职位招聘的人才标准

微软的技术或研究人才的甄选标准：具有自信、诚实、镇静、勇气、创造力、模糊决策能力、自我开发能力等个人素质，以及决策力、驱动力、良好的工作表现、计划组织及协调力、解决问题能力、管理能力等专业岗位工作能力。不同的岗位要有不同的技术能力，但都要有追求技术的热情与执着。

微软用人宁缺毋滥，筛选及面试的淘汰率很高，所有的应聘者（包括内部人员流动）都不存在例外。内部人员流动更注重目前工作表现、级别及评语，外部面试更看重必备的竞争条件。为避免人力资源的浪费，公司的岗位定编遵循"因事设职"而非"因人设职"的原则。

(三)　面试过程紧凑而严格，测试内容紧密结合能力标准

微软严苛的面试机制是众所周知的。微软对于面试采取了严谨的态度，采用精心设计的面试流程。每一个申请者的面试都有多位微软员工的参加，每一位参加面试的员工都事先分配好面试时的任务。微软的面试过程是高科技企业中难度系数最高且最长的一个。

应聘者进入微软需要经历一次笔试、3 轮至 4 轮面试。技术人才招聘一般会经历两大类型面试，分别是软件设计师面试（SDE）和项目经理面试（PM），每一种类面试又需进行 3 轮至 4 轮的大幅度流程。

(四)　内部招聘与外部招聘相结合，广开人才招聘的渠道

微软公司的招聘信息必须先在内部登载，供内部员工选择。如果两周内没有合适的人选，招聘信息可以保留在集团的内部招聘网上。如果一个月内，仍然挑不到满意的人，人力资源部可以考虑通过集团外部的招聘渠道来招聘。微软的人才招聘渠道主要有五种：实习生招聘、校园招聘、员工推荐、微软用户自荐、网站招聘。

此外，微软公司并不认为员工跳槽是一件坏事，对于离开公司的优秀员工，微软也会对他们的工作情况进行追踪，并会在合适的时间再把他们请回来。

微软的人才甄选策略对于中国企业核心人才的甄选管理有着一定的借鉴意义。微软人才甄选对我国企业核心人才管理的启示。

首先，人才甄选与人才管理一定要基于组织的文化和价值，强调组织价值观与员工价值观的统一。如果企业所招聘的员工能力不符合企业的文化特点和价值观，就会无法真正适应企业的发展，也难以不断地为企业带来超额价值，最终将在发展中淘汰。微软的用人启示告诉我们：对于那些不符合企业文化和价值观的人才，无论其条件多么优秀和突出，也不录用。此外，我国企业对于优秀人才的招聘和管理，应始终结合组织发展战略和文化价值观。

其次，坚持基于能力的"聘任哲学"，严格规范招聘程序。人才总量很大，各类人才很多，但要选拔适合企业发展的优秀者，仅有程序是不够的，关键是标准及执行。不少企业缺乏对人才标准的研究或执行不到位。其结果是，在外部以及各种潜规则的干扰下，企业轰轰烈烈、投入大量人力、物力进行招聘，实际结果却差强人意。

第三节 核心人才甄选的方法与标准

核心人才甄选是企业有效招聘的保障，是招聘工作的重要环节。在核心人才甄选过程中，测评方法是技术保证，核心人才甄选标准是指导思想。

一、核心人才甄选的测评方法

常见的核心人才测评方法主要有面试、笔试、评价中心技术、心理测验等。由于岗位及招聘对象的不同，企业常选择不同的测评方法组合。

二、拥有完善的人才测评体系，综合使用多种测评手段

企业在核心人才甄选时综合使用面试、笔试、管理评价中心技术、心理测验、实习考察等多种测评方式，主张对应聘者进行全方位、多角度的考察。一些世界 500 强企业重视人才测评的工具与手段，主张通过多种测评方式全面评估应聘者的综合素质与能力，看重应聘者的实际工作能力与业绩，这是众多世界 500 强企业采取实习考察这一手段的主要原因。

【案例】

丰田公司的"全面招聘体系"

丰田公司的"全面招聘体系"大体上可以分成六大阶段，前 5 个阶段招聘大约持续 5~6 天。应聘者要经历简历筛选、基本能力测试、职业态度的心理测试、实际操作、小组讨论、集体面试等。在最后一个阶段，新员工需要接受 6 个月的工作表现和发展潜能评估。在该阶段，新员工会接受公司的全面监控、观察、督导等方面的关注和培训。最后，由公司对其进行全方位的评估，并做出最终的雇用决定。

三、核心人才测评方法以面试为主

核心人才的甄选测评通常把面试作为主要的手段。具体而言，面试又以情景面试、行为面试、结构面试为主。面试问题可以归纳为以下几个方面：行为化或情景性的问题、角色扮演性问题、行业相关问题、时事和忠诚度问题。

【案例】

宝洁公司的面试

宝洁的面试分两轮。第一轮为初试，采用面试经理与求职者一对一的方式进行。面试官通常是有一定经验并受过专门面试技能培训的部门高级经理，面试时间大概需要半个小时。

第二轮面试大约需要一小时，面试官通常是三个人，由各部门高层经理亲自担任。其面试内容通常由8个核心问题组成：①会请应聘者举一个具体的例子，说明你是如何设定一个目标然后达到它；②请举例说明你在一项团队活动中如何采取主动性行为，并起到领导者的作用，最终获得你所希望的结果；③请你描述一种情形，在这种情形中你必须去寻找相关的信息，发现关键的问题并且自己决定依照一些步骤来获得期望的结果；④举例说明你是怎样通过事实来履行你对他人的承诺；⑤举例说明在完成一项重要任务时，你是怎样和他人有效合作的；⑥举例说明你的一个有创意的建议对一项计划的成功起到了关键性作用；⑦举例说明你是怎样对你所处的环境进行评估，并且能将注意力集中在最重要的事情上，以便获得你所期望的结果的；⑧请举例说明你是怎样学习一门技术，并且将它应用于实际工作中的。

四、核心人才甄选标准

企业需要从候选人中甄选那些能够帮助企业达成当期以及长期战略意图的核心人才，以保障企业战略目标的实现。基于此，企业需要基于人才综合素质进行核心人才甄选活动。

(一) 核心人才素质甄选标准

中国青年报社会调查中心曾经采用问卷调查的方式，围绕人才招聘的简历筛选、笔试、面试等过程，对惠普、西门子、IBM等30家世界500强公司的在华人力资源主管进行了调查。调查结果显示：在给出的 22 项人才素质中，所有接受调查的人力资源主管都认为"团队精神、忠诚度、创新能力和沟通表达能力"是跨国公司在选才时"非常重视"的。若按获选率进行排序的话，"团队精神"可谓是"重中之重"，有八成的被调查者选择"非常重视"，另外是"创新能力"、"忠诚度"和"沟通表达能力"。

（二）核心人才甄选规律

核心人才的甄选，注重能力、注重综合素质，更重视品德。企业对核心人才的品德都有很高的要求，通常将品德列为核心人才甄选的首要条件。

【案例】

松下公司看重应聘者的品德。松下公司在招聘人才时，非常注重员工的道德水平。在面对所有应聘者时，松下把"人格"放在了首位。松下幸之助曾说："一个人要达到道德上的圆满是非常艰难的。但是，它的作用比才能、经验重要得多。当道德与才能、知识、经验产生冲突，需要做出选择时，松下公司一定会选择前者。"松下幸之助强调：如果仅有知识而不懂得做人，那么，这个人的知识就很容易成为"恶智慧"。学历、知识好比商品上的标签，论才用人要看品质，不要只注重"标签"和"价码"。

第四节 核心人才甄选管理

企业的发展需要核心人才，核心人才会带来企业高质量的成长。企业需要建立一套严格的人才甄选机制，通过人性化的选拔，才能甄选出合适的核心人才。

一、通过事业说明会，让核心人才了解行业发展现状

企业通过事业说明会，让核心人才充分了解企业在国内外发展的现状，公司的文化、价值观，未来的职业生涯发展道路和薪酬体系等。这种邀请人才参加说明会的方式，一方面使人才感受到企业对其充分的尊重；另一方面也能筛选掉盲目应聘者，以减少彼此因需求不匹配而耗费的时间和精力。

二、凭借性格测评工具，增进对核心人才职业倾向的了解

核心人才在对公司进行全面的了解后，会通过测评软件做一个专业的性格测试，从而有助于企业对于核心人才是否适合在本公司发展做出初步的判断，同时也会为核心人才的未来职业发展规划提出建议。

三、通过多维度的能力考察，综合考核人才

由公司高层针对测试结果，综合核心人才的学习能力、团队合作能力和统筹能力等进行多维度的考察，以便更好地站在核心人才的立场，综合判断其是否适合在本公司发展。

四、结合情况调查，帮助核心人才择业

我们把这个环节形象地比喻成"谈恋爱"。这项调查一方面可以考察核心人才的学习能力、交流能力等；另一方面有利于让其信任的人协助其做出择业选择的判断。通过这一环节，使一部分与公司岗位要求不匹配的核心人才被淘汰。

五、突击考察核心人才加盟公司的决心

由公司的中、高层经理与核心人才进行一对一面谈，主要针对核心人才在之前的面试流程中出现的问题进行重点提问，同时考察核心人才的决心、信心及准备状态。通过这一环节，不仅有利于进一步增强甄选核心人才的针对性，也有利

于核心人才思考自己是否真的适合这个行业。

第五节 "职业性向"测试规避核心人才甄选的误差

职业性向是指一个人所具有的有利于其在某一职业方面成功素质的总和。它是指与职业方向相对应的个性特征，也指由个性决定的职业选择偏好。如果从事的是适合自己个性的职业，做事情就顺风顺水，就像海豚进了大海一样。不过风险也有，如果社会的职业需求发生变化，在中年阶段被迫转行，"海豚上岸"的痛苦也是很大的。

职业性向测试反映的是职业特点和个体特点之间的匹配关系，是人们职业选择的重要依据和指南。职业性向测试正是用于了解这两方面特点之间的匹配关系，从而为实现"恰当的人从事恰当的工作"提供可靠的科学依据。

"选才"职业性向测试不但可以帮助企业"以考选才、慧眼识人"，对核心人才的选拔和安置更具有举足轻重的作用。"选才"职业性向测试在能力鉴定的基础上，帮助企业选择合适的人选，系统地降低"错误雇用"为用人单位带来的风险。从个人择业方面来说，"选才"职业性向测试是帮助人们明确自己的主观性向，从而能得到最适宜的活动情境并给予最大的能力投入。

因此，职业性向测试可以规避核心人才甄选中可能出现的各种误差，实现真正意义上的精准招聘。

一、以"考"为核心，使选拔从客观考核开始

企业要想从整体上降低核心人才甄选误差，规避因招聘工具、筛选手段选择不当所带来的系统风险，选择科学的甄选理念是十分必要的。"以考选才"是逐步被企业所接受与使用的核心人才选拔方式。在欧美企业人才甄选中，71%以上

的高利用率已经证实了它的有效性。

对于"以考选才"的应用,核心人才甄选给出了自己的诠释和表现。在这个一站式的考核平台上,企业提供包括前期简历筛选、考核内容规划与制定、线上考试实施以及考后分析报告的综合解决方案。通过融合先进的考试技术、专业的运营服务,使考试服务成为最公正、公平的选拔核心人才的方式。

二、权威、科学的测评内容,全面衡量核心人才

为了实现考核的完整性,需要从整体上把测试分为基本工作能力测试、通用技能测试、岗位素质测试以及岗位匹配度测试四个维度,从知识、技能、态度的角度全面衡量核心人才。对核心人才尽可能地做到全面考察,要考虑到应聘者"性格与岗位匹配度"的重要性。通过精确职业性向分析,为企业核心人才培育提供方向。

三、客观直白的测评报告,让面试有理可据

在每一个应聘者完成测试后,面试官都能拿到一份应聘者综合能力分析报告的参考。该报告不仅可以通过考核结果了解应聘者的各项能力,更能将每位应聘者的各项情况在应聘群体里分别进行比较排列,进而使面试官找到适合岗位需求的人才。

所以,"核心人才甄选"报告的参考价值在于提供直观、简洁而又极具个体差异性的决策依据,使面试官做出恰当的选择。帮助企业雇主和求职者之间实现精准招聘需求与能力信息匹配,最终做到 "人职匹配"、"人尽其才"。

本章回顾

※ 企业对组织目标进行系统思考,建立核心人才甄选标准,整合适合的核心人才甄选管理工具和方法,制订可操作的解决方案,提高核心人才甄选的工作效率,保证核心人才的质量。

※ 在核心人才的甄选上，我们不得不承认"选才"优于"育才"，因才而育，量才而用，是科学的人才发展观。

※ 核心人才的甄选不仅需要关注对象的主观意愿，还需要兼顾对象的技能现状以及对象潜在的职业性向，尊重客观规律。

※ 核心人才甄选是组织积累人力资本、提升基于核心人才竞争优势的起点，核心人才培育应该贯穿于包含人才选拔在内的所有人力资源管理活动之中。只有如此，才能确保核心人才甄选的成功及组织发展的可持续性。

※ 企业的发展需要核心人才，核心人才会带来企业高质量的成长。企业需要建立一套严格的人才甄选机制，通过人性化的选拔，才能甄选适合的核心人才。

※ "职业性向"测试规避核心人才甄选的误差。

第九章
核心人才开发管理

【章节导读】

核心人才是企业的核心竞争力，核心人才开发和管理是企业人力资源管理的关键价值环节。营造健康的核心人才发展生态，创建优良的核心人才开发管理平台，是核心人才大量涌现的不竭源泉和基本环境。企业只有准确把握核心人才成长的特征和规律，建立起核心人才开发与管理的有效平台和完善机制，才能开创"人才辈出"、人尽其才的新局面，为企业的可持续发展提供坚强的人才保障和能力支持，为企业未来的核心竞争优势提供有力的人才支持。

核心人才开发管理，是企业人力资源管理的重要任务。企业需要打造核心人才培养平台，推进核心人才全面发展，必须将核心人才管理常态化。根据核心人才发展的需要，核心人才培养平台和机制应体现系统性、持续性和多元化。打造人才发展的竞争平台，促进核心人才脱颖而出。企业应从实际出发，创建有效的核心人才开发激励机制，为核心人才的内生提供制度保障。

第一节　营造健康的核心人才发展生态

大自然生态系统的重要特点是它常常趋于一种稳定或平衡状态，在这种状态下，系统内部所有成分彼此相互协调。

企业核心人才的培养、使用、流动、配置、退出等也可以用生态平衡的理论及实践加以思考与改进。从生态角度重新思考核心人才开发管理，对于深入贯彻落实科学发展观，营造健康的核心人才发展生态，创建优良的核心人才开发管理平台具有重要意义。

一、为什么要营造健康的核心人才发展生态

"水积而鱼聚，木茂而鸟集。"核心人才发展生态平衡是一个相对的概念，动态的过程。从不平衡到平衡，再到新的不平衡，螺旋上升，是为发展。我们倡导从生态角度，对核心人才开发管理作观察，以利于寻找解决核心人才开发管理的新思路，新的切入点。

企业营造健康的核心人才发展生态，目的是实施"人才强企"战略，以高层次、高技能的核心人才队伍建设为重点，加快确立人才优先发展的战略布局，加快构建核心人才开发管理的平台，实现产业转型与人才发展的互动支撑，实现人才总量、质量和竞争力的显著提升，为企业战略转型和发展建设提供有力的人才支撑和"智慧引擎"。同时，形成核心人才市场内外连通，制度保障公正完善的核心人才生态发展新格局。

二、如何营造健康的核心人才发展生态

企业营造健康的核心人才发展生态，需要大力培育适合核心人才培养、生长

和复制的丰厚土壤，提升核心人才吸引力和承载力。以高端产业人才为龙头，不断延续核心人才链条，优化核心人才生态，形成核心人才集群规模效应。

（1）企业要打造高层次人才流入区，构建创新创业人才生态集群。企业领导者认知到核心人才是企业的核心竞争力，积极探索"人才＋项目＋资金＋政策"四位一体的核心人才工作机制，创新体制机制，推进高层次核心人才的培养、引进和使用，逐步建立起一支梯次合理、衔接有序、实力雄厚的核心人才梯队，形成核心人才孵化辐射生态集群。

（2）协调推动核心人才队伍建设。①强化专业技术人才队伍建设。以提升产业技术人才整体质量和专业竞争力为核心，以培养、造就高层次实用紧缺产业人才为重点，构建分层、分类的专业技术人员管理体系。②突出高技能人才队伍建设，完善高层次技能人才梯队建设，突出培养造就一支数量充足、技艺精湛、门类齐全，能够支撑重点产业可持续发展的技术技能型、复合技能型和知识技能型人才队伍。③加强企业经营管理人才队伍建设。健全职业经理人制度，加强企业高级经营管理人才的培训工作，提高其战略规划、资本运作、经营管理和项目管理能力，培育一批具备国际战略眼光、市场开拓精神、管理创新能力和社会责任感的优秀企业家队伍，一支熟悉国际资本运作、市场运作、法律规范及营商规则的高素质复合型企业经营管理骨干人才队伍。

（3）坚持核心人才的培养和引进并举。在培养核心人才方面，实施核心人才培养工程。重点培养具有全球视野、战略思维和持续创新能力的创新型核心人才队伍。在引进人才方面，不拘一格降人才，科学化制定核心人才引进政策，真正形成百花齐放、欣欣向荣的局面。

（4）探索创新体制机制。建立科学、合理的人才引进机制，真正引进能带来创新发展和推动产业化的核心人才。建立核心人才激励机制。对做出突出贡献的核心人才实施股权、期权激励，对做出重大贡献的核心人才给予重奖。

（5）为核心人才提供广阔的用武之地。这是核心人才发展生态中的创业环境，追求事业、成就事业的强烈动机，是核心人才成长和发展的基本动力。招揽人才是手段，使用人才是目的，若才非所用，才无所用，就会浪费人才。要为核心人才提供展现才能、实现个人价值的空间和机会，良好的创业环境要求企业从人才自身价值实现的角度出发，尊重人才，合理地使用人才，为核心人才创造和谐的工作环境。

三、营造核心人才发展生态的意义

"木茂鸟集，水积鱼聚。"不论是国企还是民企，哪里的人才生态环境好，哪里就成为核心人才汇集之地，哪里就充满发展的生机和活力；哪里的人才生态环境差，哪里就变成核心人才流失之地，哪里就缺乏发展的潜力和优势。因此，企业要实施核心人才战略、开发核心人才资源，必须积极创造条件，以营造一个留住核心人才、吸引核心人才的人才生态环境。

营造健康的核心人才发展生态，创建优良的核心人才开发管理平台，是核心人才大量涌现的不竭源泉。完善的核心人才开发管理机制具有"雪球"效应，随着人才"雪球"的滚动，一大批核心人才会不断汇集在一起，这是企业保持不败的根本，健康的核心人才发展生态是一个企业确立人才资源优势的根本保证。

因此，企业需要重视核心人才发展生态建设，用爱才之心、识才之智、容才之量、用才之技和护才之勇去凝聚核心人才，使他们能够建功立业。

第二节　如何建立核心人才开发机制

建立核心人才开发机制，重要的是树立正确的核心人才开发理念，坚持面向企业现代化、市场竞争、未来发展，以企业需求为导向，以提高创新能力为核心，立足培养全面发展的核心人才，突出培养创新型人才，注重培养应用型核心人才，完善现代核心人才开发管理体系，注重在实践中发现、培养、造就人才，构建人人能够成材、人人得到发展的核心人才开发机制。

一、建立人才资本管理机制，强化"人才经营"理念

人才资本经营是企业兴衰的关键。企业按照资本价值规律要求，建立人才资本管理机制，应做到如下三点。

（1）保证人才资本存量。首先，突出人才经营的第一战略地位，制定核心人才开发战略。其次，建立核心人才信息库，及时掌握管理人才、技术人才、操作人员以及现有人才、后备人才、潜在人才的基本情况。最后，制定切实有效的核心人才引进办法，拓宽引进渠道，不仅引进高素质毕业生，而且重点引进复合型人才及高层次专业人才。与此同时，必须加大开发利用"外脑"力度，加强与外部科研机构的合作，通过引进核心人才，实现人才资本的良性扩张。

（2）保证人才资本投入。目前，企业在人才资本投入上存在两个问题，即人才资本投资收益与人才资本投资成本相背离；人才资本价格与人才资本实际价值相背离。这与国外知名企业形成较大反差。因此，企业应树立人才资本优先投入观念，不断加大投入力度。加大薪酬投入，真正体现人才资本的价值；加大核心人才开发培训投入，提高人才资本的附加值；加大工作、生活环境投入，为核心人才创造良好条件。

（3）保证人才资本保值增值。科学经营人才资本，实现效益最大化。首先建立人才绩效考核评价体系，根据不同行业、专业、岗位和人才层次的特点制定量化考核标准，定期进行考核评价，把考核结果与人才的薪酬、晋职、晋级等挂钩，激励人才更好地发挥作用。其次建立人才预警系统，及时掌握人才资本的运营情况，防止人才浪费和核心人才流失，从而减少人才资本投资风险，提高投资效益。

二、建立核心人才激励机制，强化"人才至上"理念

当今知识经济时代，企业要打破人才壁垒，将现有核心人才用得其所，人尽其才，真正体现"用事业留人、用感情留人、用适当的待遇留人"。要注重使用核心人才的方法。人才是企业发展的关键，企业应树立"人才至上"理念，营造

尊重知识、尊重核心人才的良好氛围，必须突出激励性。

（1）改革人才收入分配制度，实施薪酬激励。薪酬是激励核心人才的基础。建立多元化的工资分配机制，将按劳分配与按生产要素分配相结合，收入分配向有贡献的人才倾斜。因此，拉开核心人才与普通员工的收入差距，使核心人才的待遇逐步与市场价位接轨是当务之急。

（2）事业激励。事业是激励人才的希望。通过为各类核心人才提供职务序列、职称序列、技能序列等多种成长渠道，使核心人才找到发展的机会和平台。

（3）股权激励。股权是激励的重要手段。企业以产权制度改革为突破口，探索人才资本股权化模式，通过技术入股、专利入股、科技成果入股等途径，实现人才资本的股权化，真正让做出突出贡献的人才成为技术创新受益者。

（4）文化激励。企业文化是激励人才的根本，企业通过建立独特的企业文化，培育具有企业自身特点的企业精神、价值观念、道德规范，增强企业对核心人才的吸引力和凝聚力，形成尊重人才、爱护人才、重用人才的良好氛围。

三、拓宽核心人才发展机制，完善核心人才培训体系

企业的发展离不开人才素质的提升。培训是促进人才知识更新、技能提升的根本途径。企业应从长远发展的眼光把培训作为一种战略投资，面向市场、面向世界、面向未来，建立核心人才开发培训机制。

（1）适时制订培训规划，根据市场需要和企业发展目标，结合核心人才特点、项目需要和使用目的，分层次、分类别制订培训计划，明确培训时间、任务、目标和措施，避免为培训而培训，增强培训的针对性。

（2）突出重点，做到核心人才优先培训，急需人才加快培训，关键人才重点培训，骨干人才提前培训。

（3）完善继续教育管理体制，拓宽渠道，提高培训层次和质量。根据企业需要，制订核心人才继续教育的规划，有计划、有重点地进行教育和培训。

（4）建立核心人才培训效果评价制度，防止培训"走过场"，保证培训实效，营造良好的学习氛围。

四、加大核心人才引进的力度，加快内部核心人才培养和使用的速度

要加大核心人才引进和内部培训力度，做好核心人才积累和储备工作。尤其是要把核心人才使用起来，填补到重要岗位上，提升各个工作流程的效率，提升各项工作的质量。对引进的核心人才要跟踪培养、要使用，避免引进后因没有与之能力相匹配的空岗而不能人尽其才，才尽其用。千万不要出现所学非所用、所用非所学的怪现象。要做好岗位调整和核心人才使用，打破"裙带关系"的困扰，克服论资排辈的老观念，真正让合适的人才在合适的岗位上工作，尽快补充"新鲜血液"，提升整体内生动力。

"黄金累千，不如一贤。"企业对核心人才的渴求反映着社会的进步。众多企业发展的历程已经证明：在激烈的市场竞争中，拥有核心人才是企业制胜之本。

【案例】

如何搭建系统的核心人才培训体系

Q公司是一家广告行销公司，员工的职业素质和服务水平直接影响了公司的业务发展，而员工基本素质参差不齐，这些现实问题也给员工培训体系的有效搭建带来了难度。目前，该公司在人员的培训广度上，体现了其战略上的考虑，企业为了培育和保持企业实现战略目标必不可少的核心竞争力，实行全员培训制度，着重培养人员的岗位技能和业务素质。

但是，其培训的"粗放式管理"影响了培训效果的转化，也制约了企业的进一步发展。基于此，该公司的高层管理者力邀中略咨询顾问专家进驻企业，希望能借助中略咨询的专业性和实践经验帮助公司搭建系统的员工培训体系，从而促进企业业务的进一步发展，逐步实现企业的战略发展目标。

（一）现状问题及分析

通过深入的访谈和分析，在深入了解 Q 公司实际管理情况的基础上，中略咨询顾问专家团队指出，Q 公司的员工培训体系存在以下几个方面的问题。

（1）培训规划性差。目前，Q 公司的培训开发活动与企业发展战略存在一定的脱节，培训工作缺乏长远的规划，经常出现"别人培训什么就培训什么"、"流行什么就培训什么"等问题。由于员工数量众多，且培训计划性差，Q 公司人力资源从业人员整天忙于组织培训活动等事务性工作，培训活动组织了一场又一场，但是培训效果却始终得不到体现，对培训的长期规划也没有时间和精力去进行思考和改进。

（2）培训针对性差，导致培训效果不佳。目前，Q 公司的新员工培训仍延续传统的培训体系，其培训内容年年雷同，主要是企业介绍、企业文化、专业技能培训等常规的培训内容，缺乏针对性，新员工培训存在一定的"形式化"，严重影响了培训效果的转化。访谈中，员工也反映了一些实际工作中的问题，诸如："融入团队的时间比较长"、"上岗之后也不知道做什么"、"有些工作得经过两三年才能独立开展"。

（3）缺乏对核心人才相匹配的"软性知识"培训。某些关键岗位任职资格对个人的心理素质和综合素质要求较高，但就目前情况来看，企业缺乏这方面的培训和疏导，有关技能方面的课程不少，但"软知识"的培训，如对思维、态度、心理健康和压力疏导方面的培训很少。

（二）中略咨询解决方案

针对 Q 公司的人力资源管理现状及新员工培训体系中存在的主要问题，中略咨询顾问专家团队提出"建立分层、分类的培训体系"的解决方案。

（1）明确培训目标，制订培训规划。基于对企业长远发展战略和短期要实现的发展目标，将培训目标锁定为"提升岗位胜任力"，并在此基础上，帮助企业制订员工培训体系的长远规划，逐步实现优秀人才的有效培养和人才梯队搭建，通过培训机制的建设和完善，促进优秀人才不断涌现，以进一步支撑企业的战略发展。

（2）对岗位进行分层、分类，实施有针对性的培训。不同层级、不同类别的岗位，其工作职责有着较大的差异，岗位所需的能力、素质要求也存在差别。基于工作分析及人员测评等基础工作，中略咨询帮助企业搭建了分层、分类的培训体系，以进一步提升培训体系的针对性，对关键岗位的核心人才实施深层次素质的培训。同时，结合岗位需求和人员特点，约定了不同阶段的培训内容、培训重点及适合的培训方式，明确培训要求，鼓励培训方式的多样性，加大培训过程中的考核力度和考核频次，进一步提升培训的有效性。

（3）建立健全培训责任机制。根据企业的实际情况，按照培训范围的不同、培训对象的不同，明确约定不同的责任人，将培训责任予以明确。同时，合理授权，将培训工作进行有效的分解和责任落实，以确保培训体系的有效实施和培训效果的转化。

第三节　核心人才开发管理是 HR 的使命

人力资源管理者主要负责企业的人力资源规划，而核心人才的开发管理是企业人力资源管理的重要任务。

核心人才开发管理的目的是利用科学的方法培养、激励核心人才，最大限度地挖掘核心人才的潜能，不断创新，以适应市场的残酷竞争。

核心人才开发管理，主要包括以下活动。

一、核心人才的选拔，即识别、发现和挑选核心人才

"治国之道，唯在用人。"企业也是如此，用好核心人才是领导者的基本职责。再好的决策和计划，如无一批德才兼备、精明强干的核心人才去执行和实施，也是无法实现的。所以，能否最大限度地挖掘和利用核心人才，是衡量领导水平高低的一条重要标志。

二、核心人才的培养

对现有核心人才进行教育和培训，提高他们的业务水平。被选拔的人才一般都需经过培养训练，才能成为各种职业和岗位要求的核心人才。核心人才培养的具体要求，各行各业都有所不同，但总的目标是达到德、智、体全面发展。对于企业来说，核心人才培养是多层次的，包括高级经营人才的培养、职能管理人才的培养和基层管理人才的培养等。

三、核心人才的使用

企业把发现和培育的核心人才安排到适当的工作岗位上，让他们充分发挥作用。

四、核心人才的调剂

应把核心人才从不适合的工作岗位调动到更加适合的工作岗位，使人尽其才。

五、核心人才的管理

核心人才管理是核心人才开发的必要条件，应建立健全各种规章制度、管理档案等，保证核心人才开发的需要。

六、核心人才的测评

核心人才测评是了解一个人的性格以及能力的前提，是通过一系列科学的手

段和方法对人的基本素质及其绩效进行测量和评定的活动。核心人才测评的具体对象不是抽象的人，而是作为个体存在的人其内在素质及其表现出的绩效。核心人才测评的主要工作是通过各种方法对被试者加以了解，从而为企业组织的人力资源管理决策提供参考和依据。

【案例】

以核心人才测评为核心，为公司培养一批中、高端人才

在中国的企业中，完全依靠组织驱动形成核心竞争力、精细化分工解决市场问题的企业为数不多，更多的企业是依靠中、高端人才的个人能力驱动和公司流程多方协同来实现目标。因此，对中、高端核心人才的争夺就愈演愈烈。

而如何有效通过招聘和培养一批中、高端核心人才，是R公司"人才战略"中非常重要的内容。从2012年开始，R公司尝试通过中、高端人才的以案例测评为核心的综合评鉴系统，为公司招聘和培养一批"特种兵"，即成长速度更快、综合能级更高、企业归属感更强的中、高端核心人才，从而建立起一个基业长青的组织，确保公司战略的全面实现。

2012年10月，R公司面向总经理和项目总经理44人开展综合评鉴，根据测评结果，2013年初提任5人，调任6人，辞退4人，把合适的人放到合适的项目上，借助评鉴系统，为公司把控选人、用人关。

核心人才评鉴系统在R公司的应用与实践，主要体现在以下几方面。

（一）评鉴系统产生背景

人才评鉴系统是R公司人才发展体系的重要环节，主要为公司中、高端人才的招聘与针对性培养而设计。系统的应用，前提是基于对公司战略的深刻理解，以及对中、高端核心人才的清晰定义。

为快速适应行业形势，R公司确定"十年百亿"战略目标，并在2013

年明确"区域深耕、快速周转、精品立市"的发展策略。这些变化，为组织转型和中、高端人才选拔与培养提出新要求。

基于此，带有实战性的核心人才评鉴系统应运而生。评鉴系统体现了"深、合、全"的特点。"深"，是每年基于公司战略和业务模式进行中、高端人才的"人才盘点"，R公司决策层全程深度参与"盘点"和综合评鉴，为全年人才招聘和培养定方向。"合"，是在人力资源中心的整合下，评鉴与公司人力资源系统的招聘、培养、制度、任免等各模块无缝对接。"全"，是评鉴覆盖关键经历、知识、能力、个性和潜力，全方位进行"立体扫描"，评鉴结果作为次年人才任免的重要依据。

（二）评鉴系统构建及标准定义

评鉴标准是评鉴系统的重中之重。首先，源自于对中、高端人才的定义。我们认为，所谓的中、高端人才是指引领企业变革、推进战略文化与运营模式，能产生高附加值的管理和业务方面的中、高端人才，包括公司董事长、总裁和副总裁；公司职能中心负责人和分公司总经理、项目总经理，以及如商业、资产管理、收购兼并、设计，有战略性思维的财务、成本和人力资源等行业稀缺人才。

围绕中、高端人才，R公司从岗位说明书出发，经过大量的访谈、对标研究，形成聚焦核心岗位的评鉴框架［即关键经历、知识、能力、个性（行为特征）、潜力］构建R公司人才素质模型、研发3Q潜力模型、关键经历模型等。

紧扣评鉴框架，针对不同人群采取不同的测评工具与方法，为"人才盘点"提供依据。评鉴中心的核心工具——测评案例，完整地设计了故事背景、矛盾冲突点、当初处理方式、历史遗留问题，以及希望被测评人解决的问题。

案例设置考察的基本点和发展点。被测评人阅读案例后，进行现场案例复盘，提出解决方案。通过案例，全面考察被测评人的管理经验与意识、思维分析与决策、系统思维和解决问题的能力。

（三）评鉴系统操作与实践

以案例测评为核心的评鉴系统，从案例编写、编委评审、现场测评的整个过程，由董事长发起和深度参与。总裁和副总裁作为评鉴师全程参与"人才盘点"和评鉴。该测评系统在 R 公司应用中非常关注三个关键环节，即案例开发、评鉴流程和现场测评。测评案例均来源于 R 公司历年来真实发生的、有重大影响力的业务或管理事件。

董事长召集公司管理层，组织案例开发的专题研讨，讨论历年中典型事件，通过该事件，对当初暴露出来的问题、处理方法进行集体反思与评议。最终从评议的结果出发，还原事件，这个过程充分融入了 R 公司高管的业务和管理经验、价值判断和人才观念。

针对外部招聘进来的储备人才，公司采用"三轮闭合"面试，通过"集体面试"、"全方位背调"等环节检验面试者与企业文化的适配性、专业功底以及个人能力。针对现岗在职的管理者以及后备人员，则主要进行以案例为核心的综合评鉴。一是基础信息整合，围绕关键经历/知识/能力/个性/潜力整合基础数据，采用包括关键经历调查、知识结构调查、岗位匹配分析、"3Q"潜力测评、360 度问卷访谈等工具；二是集中进行现场案例测评。最终形成测评报告。

（四）体会与反思

以案例为核心的评鉴技术的探索，为 R 公司中、高端人才的招聘与选拔提供了富有价值的技术支持，但并不见得可直接移植或照搬到其他企业。经过实践，在人才评鉴系统应用中，需要注意如下几点。

（1）需要天时地利。行业趋势变化和公司战略转型，对特定人才的需求变得十分迫切。在此背景下，公司会投入成本和精力，寻求系统的方法与工具，帮助企业挖掘或培养这批人群。

（2）需要企业特色。以案例为核心的评鉴系统，采用业界信效度高的测评工具支持，以及全方位的立体扫描，关注被测评人曾经做过什么、懂什么、会什么、内心驱动是什么以及未来发展潜力。案例作为该评鉴系统中的重要工具之一，来自于企业实际，融合高层管理经验，对企业的黏合度特别高，使评鉴系统具有企业特色。

（3）高管深度认同和参与。在 R 公司案例测评实践中，从案例用于测评的创意、案例编写与评审、现场测评等发起人一直是董事长，全程管理层深度参与。通过案例测评，进一步统一了管理层选人、用人的标准与语言，明确了人才培养的责任归属。

（4）科学与艺术结合。首先，重视全面访谈。在前期基础信息盘点中，R 公司人力资源中心投入大量人力，围绕被测评人进行 360 度的全面访谈，全方位确认或纠偏前期对被测评人关键经历、知识、能力调查等方面的测评结果，从而确保评鉴结论的客观、公正。其次，重视集体合议。根据前期测评信息盘点和现场案例测评打分结果，进行测评数据分析，形成"人才九宫图"。再次邀请人力资源职能介入，结合被测评人过往绩效和公司关键事件处理中的表现、360 度全面访谈结果，进行第一次合议和调整，形成被测评人的优劣势评价和任免建议。再邀请 N 公司管理层结合企业战略和人才布局、案例现场表现，进行第二次合议与反馈。最后，为 2013 年的核心经理人任免提供依据。

（5）测评要在体系内循环。人才评鉴，只是 R 公司人才发展体系中的一个环节。但它具有很强的生命力，是因为 R 公司把人才评鉴与人才培养及发展、核心经理人任免环环相扣，形成一个有机的整体。

第四节　核心人才培养机制的系统性、持续性和多元化

核心人才是企业最宝贵的资源，是企业巨大的财富，更是企业核心竞争力的资本。因此，核心人才培养是企业家和企业人力资源管理者的核心战略任务。而企业要培养核心人才，必须建立核心人才培养机制，使核心人才成为企业核心竞争力最重要的手段。核心人才队伍培养不是一朝一夕之事，是一个长期、系统的工程，需要一套完善的机制来保证。核心人才培养机制体现为系统性、持续性和多元化。

一、核心人才培养机制的系统性

核心人才培养的宏观思考，最应该引起重视的是核心人才培养的系统性。

"十年树木，百年树人"，人才培养是一项系统工程，要靠长期持续的系统培养。企业要构建核心人才培养平台和机制，协同推进核心人才开发规划，增强核心人才发展的系统性和科学性。

核心人才开发要遵循系统培养的规律，在核心人才开发类别上，既要重视高层次人才，也要重视技能人才；在人才年龄结构上，要重视青年人才的培养与选拔，形成老、中、青梯次搭配。

【案例】

　　S公司是一家航天科技集团，该公司将系统工程的理论和方法创造性地应用于人才培养，形成了规范、完善的适合青年人才成长规律的人才培

养体系。

　　集团将青年科技人才从入职工作到成为骨干细分为新任期（1年内）、提升期（2~3年）、成熟期（4~5年）和挑战期（6~10年）四个阶段，根据每个阶段的培训需求设计具有针对性的培养课程，如新任期重在转变心态、融入团队、传承文化，提升期重在强化岗位应知应会知识和设计经验学习，成熟期重在提高系统思维和解决问题的能力，挑战期重在拓宽专业深度与视野，同时注重多岗位锻炼、交流。

　　S集团努力构建知识共享机制，采取系统工程管理方法，通过知识管理平台，把最先进的工具、型号的历史数据和各个专业的研究成果综合集成，把各个型号取得的型号经验和发现的问题及时总结归纳，将前人的实践经验变成标准，实现知识和经验的有效积累及共享。知识共享机制使青年人能较快地掌握有关知识技能，成为加快青年人才成长的有效工具。

二、核心人才培养机制的持续性

　　核心人才培养是公司一项重要的长期规划，不是短期行为。核心人才培养需要持续性，需要不断地巩固和强化。企业需要扭转对核心人才重使用、轻培养的旧习惯。企业可持续发展的关键是保证核心人才开发的可持续性；否则，将会影响企业发展战略目标的实现。

　　首先，确保核心人才培养体系和企业战略紧密结合和持续同步，只有具备这个能力，才能让核心人才培养跟上企业发展。

　　其次，组织保障。只有把核心人才培养机构纳入组织架构中，把核心人才培养放到管理环节中，才能保障核心人才培养的可持续性。

　　最后，建立持续改进的机制。需要有一个不断回顾、反思、修正，再改进、再持续前进的核心人才培养机制，这样才能保持核心人才培养和市场需求同步。这个机制的构建不仅是培训核心人才的工作，更要与企业整体架构和战略相关联，跟随战略体系的调整和改进，使核心人才培养持续改进机制成为整个组织持续改进的一部分。核心人才培养机制的持续改进将促成组织的改进，提升组织的持续改进能力。

三、核心人才培养机制的多元化

企业核心人才开发迫在眉睫。如何拓展核心人才培养的多元化路径，是决定企业能否健康、稳定地向前发展的关键所在。企业构筑多元化的核心人才培训体系，培养企业所需的各类核心人才，努力营造人才辈出、人尽其才的制度环境。

目前，一些企业在核心人才培养平台建设标准方面差异很大，核心人才的培养还不具备开放性、多元性等特性，使得核心人才培养模式的实施相对僵化。失去人才培养的多元化、个性化特点，则难以满足企业对核心人才的要求。

核心人才是企业的骨干力量，必须注重核心人才的专业性和能力综合性兼具。因此，多元化培训方式能提高核心人才的综合能力，主要的方式有内部导师制、内部岗位轮换、内部技能比武及"送出去"的方式，如出国深造、高校进修、短期封闭训练等。

企业积极探索多元育人模式，培养复合型的核心人才。使高素质复合型人才培养计划顺利实施，多种形式的联合培养工作有效开展，建立多元化、个性化的核心人才培养体制。

第五节 创建有效的核心人才开发激励机制

创建有效的核心人才开发激励机制，需要遵循组织目标和个人目标相结合、物质激励与精神激励相结合、正激励与负激励相结合、激励与约束相结合，以及按需适时激励等基本原则。企业采取多种形式的激励手段，充分激发核心人才的潜能，确保激励机制的合理性和实效性。核心人才开发激励机制的方式多种多样，物质激励和精神激励是人才激励机制中最为常用的两种激励手段。

创建有效的核心人才开发激励机制，满足核心人才多样化的需求，是企业发展的动力，可为核心人才的内生提供制度保障。

（1）企业不能忽视物质激励，物质激励能够形成良好的动力，激发核心人才的潜能和创造力。企业要打破薪酬分配和奖励中的平均主义，建立以绩效为依据的分配制度。核心人才凭能力竞争上岗，靠贡献领取报酬，形成一个向能力倾斜、向贡献倾斜的分配机制，提高奖励占员工收入的比重，更好地体现"收入靠贡献"和"多劳多得"的原则，调动核心人才工作的主动性和创造性。

（2）注重长期激励机制和短期激励机制的结合。在核心人才超额完成目标的前提下，企业要考虑给予提高基本薪金和年度奖金的短期激励，有条件的企业也可考虑给予股权激励、建立企业年金制度等完善员工保障机制的长期激励，可以增强核心人才的责任感和荣誉感，树立与企业荣辱与共的意识。

（3）注重精神激励机制作用，以精神因素鼓励员工。建立精神激励机制要尊重核心人才的人格、尊重核心人才的意见、尊重核心人才的个人利益和发展需要，为核心人才营造良好的事业发展机会，创造舒心的工作氛围、平等竞争的工作环境、良好沟通的工作风气，并善于发现和激发核心人才的创新热情，使核心人才随着企业的成长而成长，增强核心人才实现自身价值的自豪感、贡献社会的成就感、得到社会承认和尊重的荣誉感。

（4）注重激励机制与约束机制相结合。约束与激励是有机结合、缺一不可的，约束机制包括系统、科学的规章制度、完善的责任制度和严格规范的业绩考核制度等。要通过合理的激励与约束机制，实行优胜劣汰，提倡竞争上岗，建立能进能出、能上能下的人事管理制度，促进核心人才的有序流动，做到人尽其才，才尽其用，形成职业竞争压力。

本章回顾

※ 核心人才是企业的核心竞争力，核心人才开发和管理是企业经营的关键环节。

※ 营造健康的核心人才发展生态，创建优良的核心人才开发管理平台，是核心人才大量涌现的不竭源泉。

※ 企业只有准确把握核心人才成长的特征和规律，建立起核心人才开发与管理的有效平台和完善的机制，才能开创"人才倍出"、人尽其才的新局面，为企业的可持续发展提供坚强的人才保障和能力支持。

※ 核心人才开发管理，是企业人力资源管理的重要任务。

※ 企业需要打造核心人才培养平台，推进核心人才全面发展，必须将核心人才管理常态化。打造人才发展的竞争平台，促进核心人才脱颖而出。

※ 企业应从实际出发，创建有效的核心人才开发激励机制，为核心人才的内生提供制度保障。

第十章
打造"知人善任"的用人环境

【章节导读】

"用人"是尊重人才、以人为本的最终体现，重用核心人才是企业用人的智慧。

企业的生存和发展离不开核心人才。核心人才释放出巨大的才能和价值，是企业取得并维持竞争优势的关键。企业核心人才流失，威胁着企业的生存和长远发展。企业应以人为本，实现核心人才与岗位的合理配置、核心人才梯队和专业的合理配置，实行科学的绩效评价，完善的薪酬制度，重视核心人才开发和职业发展辅导，鼓励核心人才参与公司治理，是杜绝企业核心人才浪费，防范企业核心人才流失的有效对策。

企业要培养高层次的核心人才队伍，需要健全核心人才引进和激励机制，完善高层次核心人才信息库，营造"知人善任"的用人环境，形成核心人才集聚效应，实现核心人才高效配置。

第一节　如何做到知人善任、人尽其才

管理之道，唯在用人。人才是事业的根本。杰出的领导者应善于识别和运用人才。只有做到唯贤是举，唯才是用，才能在激烈的社会竞争中攻无不破、战无不胜。

人力资源是现代社会所有资源中最宝贵的资源，是生产关系各要素中最积极、最活跃的因素。社会的一切活动都要由人操作、由人指挥。因此，现代社会的竞争实际上是人才的竞争。人才是重要的，而有效地管理好人才，智慧地用好人才，则是更重要的。

人有贤、愚、智之分，作为企业领导，如何分得出英才、俊才、豪才、杰才。英才是才能为群伦之冠，能使不同观点的人达成共识者；俊才是指其行为举止光明磊落，可作为他人典范，具有高度亲和力，能得众人之心者；豪才是具有高度的信心，能安定、号召、团结他人者；杰才则是有所为有所不为，守节不屈，不见异思迁。

一、怎样才能正确认识人才、发现人才、鉴别人才

"能者知能，贤者知贤"，这是识才的一种规律。企业领导者想当发现人才的"伯乐"，就要提高自身的修养、才能、品德。否则，人才天天生活在你周围，你也会视而不见。

二、怎样才能正确使用人才、善用人才、用当其才

（1）用人之长，容人之短，不求完人，但求能人，忌求全责备。人总有长处和短处，最伟大的人物也有不足，用人所长，他的作用就能发挥；用其所短，必

然有英雄无用武之感。有效的企业领导者要经常这样向自己提问题，当你认为你的下级不行、不得力时，你是否问过自己，你的下级有什么长处？交给他的工作是否能发挥他的长处？你为你的下级发挥长处创造了条件没有？如果这些问题你没有明确的答案，你就说你的下级不得力、不行，他们能服气吗？明智的企业领导者都应懂得，得力与不得力是一个相对的概念，关键是看你会不会用你的下级。用其所长就得力，用其所短就不得力。用人最忌讳的是勉为其难，如果硬是要你的下级做他不善于做的、不擅长做的工作，自然难以奏效，这时你不满意，他也感到委屈，久而久之，上下级关系必然紧张。如果他的长处得到施展，他对组织的贡献得到认可，自然就乐于在你的领导下工作，工作关系也当然就很融洽。

（2）量才而用，用当其才，合理安排，扬长避短，不拘小节，敢于用人，忌不用比己强的人。清人顾嗣协写过这样一首诗："骏马能历险，犁田不如牛。坚车能载重，渡河不如舟。舍长以取短，智高难为谋。生材贵适用，慎勿多苛求。"这首诗生动地说明了人才使用贵在量才而用、用当其才的道理。

（3）合理安排，扬长避短。根据人才不同的特长、水平、性格，安排相应的岗位，有真才实学，品行良好的，一定要安排到关键岗位，好钢用在刀刃上。

（4）不拘小节，敢于用人。人无完人，金无足赤，人才也有缺点，特别是做出成绩后，自然会引来嫉妒和非议。作为一个企业的领导者，要有护才之魄，惜才之心，对那些做出成绩，但有点失误的人才要爱护、鼓励、帮助改进，并大胆地使用。

三、知人善任，是用人艺术的最高境界

作为企业领导者，必须学会量才而用的用人艺术，用人之才是顺利实现行政组织目标的一条捷径。唐代韩愈在《送张道士序》中说："大匠无弃材，寻尺各有施。"意思是说，对于工艺高明的匠人来说是没有废弃材料的，长有长的用途，短有短的用途。用人也是如此。俗话说："人无弃才"，关键在于"知人善任"。只有知人善任，才能人尽其才。不知人，谈不上善任；不善任，知人也就没有意义了。善任就是为工作安排最适当的人，或为人安排最适当的工作，从而产生最大的效能。

【案例】

知人善任，需要建立任职资格体系

T公司是一家电器制造企业，现有职工近千人。近年来，该公司发展迅速，对优秀技术人员的需求也日益迫切。同时，该公司的高速发展也给企业的人力资源管理带来了新的要求，在实际管理过程中有一些问题逐渐显露出来。如何有效评价优秀技术人员的能力水平，如何留住优秀技术人员，这两个问题已经成为该公司管理者的难题。因此，该公司邀请中略咨询顾问团队进驻企业，帮助企业搭建系统的任职资格体系，解决人力资源管理难题。

（一）现状问题

T公司现有的人员晋升通道主要包括两大类，即管理通道和晋升通道，其中，管理通道实行的是传统的行政级别晋升制，相对比较完善。但是，在企业快速发展的同时，T公司在对技术人员的管理方面遇到了一些挑战。其中，最突出的挑战是如何对技术人员的能力水平进行科学评估，以及如何将人员能力与岗位要求进行有效的对接。

目前，T公司对技术人员的能力评价更多地靠资历、经验、年限等因素，一些年轻的优秀技术人员因为资历浅、经验不足等原因无法承担大的项目工作，也无法得到晋升；相反，一些能力有所欠缺的"老员工"仍能晋升到比较高的位置，但是，因为能力不到位也经常会出现不能胜任岗位的现象。同时，因为评价标准的不明确，在对技术人员进行能力评估的过程中，也难以避免主观因素的影响，也给"托关系"、"走后门"等不良行为带来了可乘之机。

这种人员能力评估机制，给T公司人力资源的有效开发和企业发展带来了一定的阻碍。一方面，一些优秀技术人员得不到有效利用，造成了人力资源的大量浪费，部门能力欠缺的"老员工"不能胜任岗位，也给T公司的高效管理和项目开发带来了一定的难度；另一方面，这种人员能力评价机制严重影响了年轻技术人员的工作积极性，久而久之，一些优秀的技术人员产生"熬年头"的想法，很少主动提升专业知识水平及工作技能。

此外，由于管理者的职位有限，很多技术人员得不到晋升的机会，有一些优秀的技术人员因为欠缺发挥能力的平台而选择离开。优秀人才的不断流失给 T 公司管理者带来了另一个难题，即如何保留年轻的优秀人才。

基于以上管理问题，T 公司领导提出通过建立具有竞争力的薪酬体系，及配套的人才评价机制，以实现对技术人员能力的科学评估，保留优秀技术人员，为 T 公司进一步发展奠定必要的人力资源基础。在此基础上，T 公司提出了建立基于任职资格体系的能力评价系统，对各个岗位的技术人员能力进行有效评价和等级划分，以对现有技术人员进行有效引导和开发。

（二）现状分析

中略咨询顾问专家团队指出，为解决现存技术人员管理方面的问题，必须从更深入的战略性角度对 T 公司的问题进行分析，而不是简单地解决如何科学评价技术人员能力水平并进行等级划分这个问题。

通过对 T 公司管理现状的深入调研和分析，中略咨询顾问团队指出，即使把所有岗位技术人员的能力都进行科学的评估及合理的等级划分，也并不一定能满足 T 公司战略发展的需要。为支持 T 公司的战略发展，技术人员必须是"多功能"人才，T 公司对技术人员的培养也必须走"一专多能"之路。

但是，在现有的管理模式下，有限的技术人员被分配到不同的部室开展项目工作，这就造成了"人才稀释"，而且各个部室之间的专业有一定的差异性，导致人才的发展方向是"专业发展"，与"一专多能"的发展之路背道而驰。此外，公司目前的结构只是对各个部室内技术人员进行能力等级划分，单纯解决了部室内人员排序的问题，并不利于 T 公司对人才进行系统整合和培养。

基于对 T 公司发展战略及管理现状的深入分析，中略咨询顾问团队指出，T公司在技术人员管理方面，存在以下两个突出难题。

（1）能力评级体系不健全，缺乏科学的评价要素和明确的评价标准。原有能力评价体系主要依赖资历、经验、年限等因素，而忽视岗位所需要的核心技术能力评价，导致真正优秀的技术人员往往会因为资历、年限等因素无法得到晋升，也无法承担更重要的业务工作，严重影响了技术人员的工作积极性，"熬年头"的想法盛行。评价要素和评价标准欠缺科学性，无法给技术人员的工作技能提升提供方向，技术人员不知道要提升自己哪方面的能力才能够得到晋级。再加上技术人员的能力等级只有初级、中级、高级三个级别，等级晋升需要的时间过长，不利于对优秀技术人员的保留。

（2）能力等级划分不合理，不利于"多功能"人才的培养和人才的系统整合，无法有效支撑T公司的战略发展。在现有的管理模式下，有限的技术人员被"稀释"，人才的发展方向是"专业化"，而不是"多功能"方向，无法适应企业发展的需求。此外，对每个专业单独划分等级，只能解决专业内的人员能力等级划分问题，不利于T公司在整体上对人力资源进行统筹和系统化培养。

（三）中略咨询解决方案

基于对T公司发展战略及管理现状的深入分析，在与T公司高层领导充分沟通的基础上，中略咨询顾问专家团队提出建立能力评价体系的解决思路，并得到了客户方领导的高度认同。

首先，建立能力评价体系。其中，对技术人员进行初级、中级、高级三段级别的划分，每段又划分为三个等级。对技术人员能力水平进行等级划分，并对每一个等级都建立科学、合理的评价标准，以打通技术人员通道的整个脉络。能力评价体系改变了原有"熬年头"就能升等级的不合理现象，有能力的技术人员能得到等级的晋升，在承担的工作及薪酬方面也都有所体现，以确保充分发挥优秀技术人员的潜能。反过来说，想要得到晋升，必须不断提升自身的专业技能，这给技术人员带来了一定的发展压力和动力。同时，该评价系统将传统的三大级别（初级、中级、高级）细分为九个级别，大大缩短了人员晋升的年限。这样，优秀的技术人员经过2~3年的培养和经验积累，就可以晋升一个等级，对优秀技术人员的保留起到了非常重要的作用。

其次，在能力评价体系的基础上，基于各个专业的特点及对核心能力的要求，划分具体专业的技术人员能力等级。各个专业对能力的要求有所不同，有的专业需要技术水平较高，有的专业需要技术水平较低，即并不需要能力水平特别高的技术人员。

在这种等级划分模式下，技术人员的等级越高，其专业的复合程度越高。技术人员想要晋升等级，就必须跨专业学习，掌握更多的专业知识和工作技能，这种等级划分模式可有效促进"多功能"优秀技术人员的不断涌现，为企业的进一步发展创造动力。

（四）实施效果及项目总结

面对优秀人才匮乏的现状，建立科学、合理的能力评价体系及相关的配套机制对充分发挥企业现有人才的作用具有至关重要的作用。如何进行科学的能力评价，如何划分合理的等级，需要结合企业发展战略的要求及岗位特点进行深入的思考。

此次项目中，针对技术人员评价的难题，中略咨询顾问专家团队提出的建立能力评价体系的解决思路，结合企业发展现状及岗位特点，对技术人员的能力水平进行科学评价，划分九个级别。在此基础上，充分考虑企业战略发展的要求，提出依据各个专业对核心能力的要求分别划分等级，以促进人才的"多功能"培养，以有效支撑企业的战略发展。

第二节　如何留住核心人才

企业之间竞争日趋激烈，企业都意识到核心人才是企业兴盛之基，发展之本。因此，如何吸引核心人才，留住核心人才，减少核心人才的流失是企业必须面对的问题。

对于一些核心人才，他们的流失带来的往往是"地震级"的后果。由于其掌握企业的核心资源，跳槽时往往带走相当多的下属、同僚以及客户资源，会对原企业造成巨大的影响。

诚然，企业发展离不开核心人才，但核心人才的选择要与企业的发展阶段、实际需求相匹配，如果招聘来的核心人才只是装点门面，而没有可供施展的舞台或是"高射炮打蚊子"，那么，对企业、人才来讲都是浪费。

此外，企业发展愿景的模糊性，薪酬待遇的不公平性，用人机制的滞后性，组织文化的缺失等都是导致核心人才流失的动因。因此，企业必须认真思考如何应对核心人才流失，如何在激烈的人才竞争中掌握主动权。因为无论制度创新、管理创新，还是战略创新、文化创新，都必须拥有一批高素质的核心人才。如此，企业需要考虑打造怎样的用人环境避免核心人才流失。

一、企业用事业留人，为核心人才进行职业生涯规划

留住核心人才其实很简单，一是企业有很好的发展前景、舞台；二是提供比较好的收入，保持薪酬待遇的竞争性。前者指事业留人，后者指待遇留人。

因此，要想实现事业留人的目标，企业领导者需要为企业制定一个清晰而明确的发展目标、愿景，制订切实可行的发展规划。同时，企业为核心人才进行职业生涯规划，将员工的个人发展、追求目标融入企业的发展规划中。因为即使企

业有清晰的远景目标，如果不能使员工明白自己未来的发展与企业的远景目标实现之间的关系，以及在实现目标中的作用，也无法产生激励作用。因此，要让核心员工有明确的奋斗目标，感到在企业里"有价值、有奔头、有收获"，愿意在企业长期工作下去。

二、提供有竞争性的薪酬，这是留住核心人才最直接的武器

目前薪酬仍是吸引和留住核心人才最具威力的武器。提供有竞争力的薪酬会带来较高的满意度，与之俱来的是较低的离职率。同时，在确定薪酬上不但要考虑外部公平，还要考虑内部公平、自我公平等因素，使企业内部做出相同贡献的人所得薪酬相当。同时，在薪酬待遇的确定上还要讲求诚信。在争取核心人才加盟的时候，一些企业往往会许下较高甚至是难以达到的承诺，但核心人才进来后，当初的承诺又会被各种理由削薄，变得无法按时、按量兑现。

所以企业领导者应讲诚信，少许诺，多兑现，以发展的思维和长远的眼光对待人才所获得的报酬，使他们以轻松的心态施展自己的才能和潜力。

三、完善绩效管理，用机制留人

好的机制是吸引核心人才、留住核心人才的关键。对于企业而言，必须建立和完善核心人才的选拔、考核、晋升、奖罚等竞争机制。在业绩成果的考评方面，建立科学的绩效评价体系，尽可能做到量化、细化。在激励方面做到奖罚分明，根据贡献和成果的大小，采取不同的激励方式，将长期激励和短期激励有机结合起来，将物质激励和精神激励有机结合起来。

企业领导者还应该用多种手段挖掘人才的潜能，实施"发现管理"和"发挥管理"。用心去发现各类"术业有专攻"的"千里马"。同时发挥"千里马"的作用，有所侧重地使用。所谓"坚车能载重，渡河不如舟，骏马能历险，犁田不如牛"，每个人各有其特长，有擅长管理的，有精通技术的，有善于沟通的，有勤于思考的，领导者需要为他们提供不同的舞台与角色。

当然，对于滥竽充数的庸才，还要建立劣汰机制，因为没有比较，就没有鉴

别；没有竞争，就没有进步。如果长期良莠不分、鱼目混珠，最终是无法留住核心人才的。通用电气的前 CEO 杰克·韦尔奇曾说："我管理的秘诀就是对于 20%的优秀者，加薪再加薪；对于 20%的落后者，淘汰再淘汰。"

四、用创新思维留人，创新制度激发了员工的忠诚、智慧与潜力

最大的创新是思维创新，在核心人才的选择、聘用、挽留上也要有创新思维，要博采众家之长，对于国外先进的理念要善于实行"拿来主义"。企业在制定制度时，要充分体现"以人为本"的思想，尽量满足他们不同的需求。IBM 为了满足员工接送孩子的需要，设立了 IBM"蓝色弹性"考勤制，为员工设立了 8点、8 点半、9 点三个早上到岗时间，让员工参与薪酬福利制度、全员养老制度等的制定。这些创新制度激发的是员工的忠诚、智慧与潜力，给企业带来的则是活力与凝聚力。

五、用企业文化留人，核心人才更喜欢无边界的工作氛围

要想真正留住核心人才，必须塑造一种信任、沟通的文化氛围，给核心人才以真正的信任，与之充分交流并达成默契，才能保持组织的活力与高效。

在西门子公司，每一位新员工入职，CEO 都会参加员工入职研讨会，与新员工进行交流，为新员工介绍企业文化、企业背景等信息。同时，每年至少与下属有一次非常系统的对话。这种无边界的文化氛围及流畅的沟通渠道，为每一位员工提供了"说话、参与"的机会。当企业领导者与员工目标一致、沟通顺畅时，必然能产生企业的凝聚力、感召力及员工的归属感、认同感。

"吸引核心人才，培养核心人才，留住核心人才"是一项系统性、艺术性很强的工作。企业领导者需要运用创新的思维、以人为本的理念看待核心人才的竞争，运用企业愿景、薪酬设计、机制创新的技巧、方式应对核心人才的流失。

第三节　建立核心人才常态化管理机制

　　人才是企业的核心竞争力，随着市场竞争的日益加剧与激烈，企业对于核心人才的争夺战愈演愈烈。由于大多数企业对核心人才管理不足，甚至存在偏差，导致人才发展的速度与企业发展的要求产生冲突，阻碍了企业的进一步发展。如何识别和培养核心人才、如何进行核心人才管理就成为企业管理者关注的焦点。此时，基于企业的发展要求和管理现状搭建一套核心人才管理机制显得至关重要。科学、合理的核心人才管理，不仅彰显了企业对于人才的重视，更是避免企业核心人才流失的重要举措。可以说，核心人才的管理，是企业实现基业长青、稳步发展的重要环节。

一、企业核心人才管理常见的问题

　　企业是否能够实现基业长青、稳步发展，不仅取决于其是否具备核心的技术与重组的资金链，更重要的是企业自身拥有多少具备竞争力的核心人才。由于大多数企业对核心人才的认识不足，甚至存在偏差，导致人才发展的速度与企业发展的要求产生冲突。这在客观上，需要企业的人力资源管理职能将核心人才管理纳入常态化管理。

　　企业核心人才管理主要存在以下问题。

　　（1）核心人才的定位不清晰，选拔、评价标准模糊。即不知道哪些人才属于核心人才，对优秀人才的选拔标准也比较模糊。对人员的核心能力、素质欠缺明确的评价指标和标准，这导致一部分年轻的、真正有能力的优秀人才被埋没，得不到施展才华的平台，导致优秀人才的价值无法有效发挥，而一些人员不胜任岗位也给企业带来了很大程度的损失。

（2）欠缺有效的核心人才激励和保障机制。一些企业的核心人才激励机制并不完善，这也是导致核心人才流失的主要原因之一。此外，员工的晋升通道和晋升机制也不完善，员工缺乏明确的职业发展规划，也没有发展或自身能力提升的方向。

二、企业需要搭建核心人才管理体系

（1）建立以胜任力为基础的核心人才选拔机制，明确选拔标准。企业的核心人才必须符合两个关键条件：对企业价值大、在市场上较为稀缺，也就是既对企业作用大又难寻找的人才才能称为核心人才。对企业作用大，但是在市场上相对容易寻找的人才是通用人才。在市场上好寻找，对企业作用较小的人才是辅助人才。

企业需要确定几大关键岗位，并在大量工作分析等的基础上，为关键岗位建立胜任力素质模型，并进一步明确核心人才的选拔标准，对选拔标准也尽可能地量化。

（2）通过供需平衡分析，制订核心人才选用和培养的总体规划，并针对不同岗位后备人才的能力素质特点，制订个性化的职业发展计划及培养计划。结合关键岗位人才市场的相关调研和分析，提出外部人力资源的年度供给预测，并制订详细的规划方案。

为了保证外部补充人员的素质要求，需要在公司内部建立一套较完善的人才评价体系，并对内部评价人员进行相应的培训，以满足公司未来发展对人员评价的要求，同时也可以满足公司内部后备人才评价的要求。

（3）进行供需平衡分析，制订公司的人力资源总体规划——制订满足未来人力资源需要的行动方案。

搭建核心人才管理机制及人才培养体系，不仅可以帮助企业解决核心人才的识别、培养等核心人才管理问题，同时也有效避免了核心人才的流失。企业只有认识到核心人才对企业发展的重要性，进行科学、合理的核心人才管理，建立一支优秀的人才队伍，才能真正实现企业的稳步发展。

第四节　构建良好的用人环境

核心人才对企业的发展至关重要，特别是在当今社会，企业实力的竞争其实就是人才的竞争。比尔·盖茨曾说过，他的财富并不是账面上的资产，而是办公室里的那些人。在国外，跨国公司和大型企业拥有大量的优秀人才。所以，在企业内部营造良好的用人环境，对于企业的长远发展有着重大的战略意义。

一、营造良好的制度环境

企业按照人才的不同类别制定相应的政策措施，完善有利于核心人才创新创造的激励保障机制，创造人才辈出、人尽其才的机制环境，为核心人才的培养、引进、使用和激励等方面提供有力的制度保证和政策支持。

二、营造良好的工作创新环境

鼓励核心人才在自己的岗位上建功立业，积极开展对核心人才、先进团队的表彰奖励活动，不断加大对核心人才的支持力度，营造有利于核心人才潜心研究、施展才华的良好的工作创新环境。

三、充分信任和使用，最大限度发挥人才的作用

优秀的企业，人才环境各不相同，但最基本的是，它能给人才提供一个有挑战性的机会。一个一流的人与一个一般的人，在一般问题上的表现可能会一样，但是在一流问题上的表现则会有天壤之别。企业可以通过一定的机会提升员工的素质和技能，使二、三流的人才变成一流人才。成功的企业应尽可能从内部提拔人才，因为对企业来说，它并不是雇人去做一份活，而是尽可能帮助员工努力在

企业内部开创他的事业。

"兵马未动，粮草先行。"对于企业来说，核心人才是他们驰骋商场的"粮草"，成功的跨国公司十分重视核心人才的储备。汇丰银行早在 11 年前就已经开始了内地人才的培训和储备计划。汇丰北京分行每年都会从国内的名牌大学挑选优秀毕业生，并采取送到中国香港、英国培训两年、内部岗位轮换等多种方式进行高标准的严格训练，不断充实人才队伍。

四、企业要鼓励员工大胆创新

创新是企业发展的动力，只有不断创新，企业才能永远立于不败之地。信息时代的人才，重要的不是知识，而是创新。创新是最大的赢家，新经济使创新精神变成了主流价值观。美国《财富》杂志评出了当今全球 19 大行业中最成功、最受推崇的公司，如波音、可口可乐、丰田等，它们有九大指标参数，其中第一项就是创新能力。

五、培养员工的忠诚

忠诚是双向的，终身雇佣是企业向员工表示对他们忠诚的方式之一，员工愿意留在企业，也是他们表示对企业忠诚的一种方式。这种雇佣关系表明，员工的命运已经同企业的兴衰不可分割。当然，最重要的并不仅限于此。除此以外，我们还应该引导员工对职业忠诚，也就是敬业。

面对当前国内企业中核心人才不断流失，我们不能将其归结为"薪酬低不留人"而将问题简单化。无论是国企还是民企，现在是要从战略的高度看待和处理人才问题的时候。

六、引入竞争机制，着力营造公开、平等的竞争环境

竞争是市场经济最显著的特征之一，企业把竞争引入人才领域，是加速核心人才培养的需要。竞争是一种"催化剂"，它激发核心人才勤学苦练，奋进向上，多做贡献。通过各种竞争，一大批人才能够脱颖而出，茁壮成长。

本章回顾

※ 企业的生存和发展离不开核心人才。核心人才释放出最大的才能，是企业取得并维持竞争优势的关键。

※ 企业以人为本，实现核心人才与岗位的合理配置、核心人才梯队和专业的合理配置，实行科学的绩效考评，完善的薪酬制度，重视核心人才开发和员工职业发展，鼓励核心人才参与公司治理，是杜绝企业核心人才浪费，防范企业核心人才流失的有效对策。

※ 企业发展离不开核心人才，但核心人才的选择要与企业的发展阶段、实际需求相匹配。

※ 企业需要培养高层次的核心人才队伍，健全核心人才引进和激励机制，完善高层次核心人才信息库，营造"知人善任"的用人环境，形成核心人才集聚效应，实现核心人才高效配置。

※ 科学、合理的核心人才管理，不仅彰显了企业对于人才的重视，更是避免企业核心人才流失的重要举措。

第十一章
导入适度的核心人才竞争机制

【章节导读】

人才竞争环境是人才自我成长的重要土壤，导入"人才竞争"不是目的，目的是推动人才快速成长和内生性组织能力发展。

企业核心人才在竞争中脱颖而出，脱颖而出的不仅仅是获得职位的人，也包括参与竞争未能胜出，但表现仍不失优秀的人，因为通过竞争，使核心人才扩大了视野，充实了"核心人才库"。

企业将市场竞争机制导入核心人才复制体系中，让竞争理念深入核心人才的内心，将外部市场竞争内部化，这有助于培育公司核心人才的竞争意识，形成适度的人才竞争机制，不断提升企业核心竞争力。

第一节 建立有效的核心人才竞争机制

创造人才使用的良好环境，留住有用的人才，解聘不称职的人是企业充满活力的根本保证。企业要克服"官本位"意识，做到知人善任，避免"唯亲是举"。既要目光放远，密切关注社会各行业人才流动，又要挖掘内部潜力，盘点现有人才存量，激活现有人才的积极性。

一、建立灵活的人才竞争机制

企业针对人才流动、流失现象，需要建立科学、合理、公正、公平、择优的人才竞争机制。企业既要有效益标准又要有绩效考评，还需与晋升、培训、薪酬奖励挂钩。对企业内部和外部环境的人才流动建立开放的制度体系，激发人才潜力，在互动的竞争中加快岗位轮换、吐故纳新，加大考评与解聘力度，让人才在与企业同呼吸、共命运中实现自身的利益和价值观。

二、建立更加公平、公正的人才竞争机制来留住人才

企业的发展与创新，首先是人才问题。北大老校长蔡元培将人才喻为"国之元气"。企业经营模式的转变与自主创新需要一大批一流的技术人才和经营管理人才。一个企业具有战略领军人才，可以带动一个产业，培育一个市场。企业之间对一流人才的竞争是非常激烈的，千方百计地汇聚人才。但光是引得进还不够，更重要的是要留得下，用得好，要建立更加公平、公正的人才竞争机制，创造更加宽松和谐的人才成长环境，呈现人才辈出、生气蓬勃的局面。

在市场竞争中，谁拥有人才，谁重视人才的培养，谁就能立于不败之地。当前，企业间竞争尤为激烈，大部分企业待遇不高，难以吸引人才。因而企业当务

之急是在内部加强人才的培养，尽快地促使职工加入到企业内部的"人才之列"，这也是成本最低、效率最高、效果最好的方式。所谓"马要添料"、"车要加油"，人也要提高素质，更新知识才能增加后劲。若忽视了员工培训，则难以实现人力资源的优化配置，难以提高人才质量，尤其是在急剧变化的现代，技术生命周期不断缩短，知识更新不断加快，忽视知识更新培训，将会导致人才质量下降，也会导致企业人才断层。

每一个人都有实现个人价值的心理倾向，而且是呈螺旋式上升的。一个公司的成功，越来越靠员工的积极性和创造力，而不是机器的性能。管理人员的主要职责是创造出一种环境，使每一个员工都能发挥其才干。让人的能力发挥成为企业发展壮大的真正活力资源，最主要的是强调所有活动都以人为重要资源，围绕认识人、选择人、培育使用人开展工作，全方位给人才能力的发挥最佳水平创造条件。

第二节　如何导入适度的核心人才竞争机制

在企业人力资源管理实践中，不少企业引入了竞争机制，在管理人员中实行竞争上岗，收到了较好的效果。实践表明，竞争上岗是完善企业管理人员聘任制度的重要组成部分，是改进管理的重要手段。

一、企业为何需要引入核心人才竞争机制

首先，通过竞争上岗，有利于在企业内部形成优胜劣汰的用人机制。企业通过竞争上岗这种方式选聘企业管理人员，有利于在企业内部形成优胜劣汰、富有生机和活力的用人机制，促使优秀人才脱颖而出；有利于加快人才流动，及时发现人才；有利于调动全体员工的积极性、创造性；有利于提高工作效率，增强企

业活力和员工自我发展能力；有利于培养员工的民主参与意识。

其次，客观、全面地甄选企业管理人员。传统的用人机制，管理人员的聘任一般来说是企业高层管理者直接任命。由于高层管理者个人的偏见以及对被聘用人员的个人信息缺乏全面的了解，导致所选聘的管理人员往往不能达到预期的使用效果。有的员工虽然有一定的业务水平，但领导水平太低，上岗后团队成员意见很大，影响团体绩效的发挥。通过引入竞争上岗机制，能尽可能把那些素质全面、实绩突出、员工支持、领导满意的管理者挑选出来。

最后，提高管理人员及全体员工素质。优胜劣汰这一人才竞争机制的引入，能有效地激发企业全体员工要求上进、自我完善的能力，促进企业员工整体素质的提高，加快高素质管理人员和专业技术人员队伍的建设。

二、推行核心人才竞争机制的重要性

竞争上岗应坚持公开透明、公平竞争、公正评价、择优选聘的原则。公开透明是指整个竞争上岗的内容和程序对每一个员工来说都是公开的，充分体现管理者重视人才，选拔人才的诚意。公平竞争是指用公平的标准来考察员工，给每个员工参与公平竞争的机会。公正评价是指在对每一个竞争者进行评价时应该不带任何偏见和个人倾向，给予一个竞争者公正、客观的评价。择优选聘是指经过综合评选所产生的优秀分子应该大胆使用，以真正体现优胜劣汰的用人思想。

拓宽用人渠道。确立"人才就在身边"的思想，把人力资源的内部采购作为一种重要的手段，营造好的产生人才的环境。通过环境的作用激发员工自我完善，自我提高，展示自我，体现价值。

有效激励员工。每一个员工都有要求成长与发展，发挥自身潜能，实现理想的需要。竞争上岗能充分激发员工追求个人能力极限的内驱力，使每一个组织成员在追求社会需要、尊重需要、自我实现需要时实现组织的目标。

三、竞争上岗的适用范围

高层管理者。高层管理者处于组织的最高层，是企业战略规划的具体制订者和组织实施者。高层管理者对企业的发展具有非常重要的影响作用。该岗位的人员应保持相对稳定，不宜采用竞争上岗方式产生，应由上级仔细甄选，认真考察后直接聘任。

中层管理者。中层管理者处于企业的中层，起承上启下的作用，较为重要，在企业中有较大的影响示范作用。保持一定的人员流动性有益于管理工作的落实和复合人才的产生，中层管理者是最适合通过竞争上岗方式产生管理者的岗位。

基层管理者。基层管理者处于企业的最基层，是管理工作的具体执行者。可在公司的指导下由公司中层管理者组织实施岗位竞争。基层管理岗位实施竞争，可发现人才，为中层管理者的产生做一些必要的储备。同时，总结经验为更高层次的岗位竞争做准备。

四、企业竞争上岗的组织实施

成立竞争上岗组织实施机构，管理以人为本。竞争上岗作为企业内部一项重大人事制度，应设计专职的机构组织实施。成立委员会是较好的一种方式。可由公司最高管理者担任领导者，公司高层及相关部门负责人、员工代表为成员组成工作领导小组，下设办公室负责日常工作，办公室由企业人力资源管理部门经理负责。

公布空缺职位。企业积极宣传竞争上岗的目的和意义，公布拟竞争的职位、任职条件以及竞争上岗的程序、办法等事项。方案制订并公布后，必须严格执行，不得在实施过程中随意更改。

公开报名。一般由符合竞争上岗条件的人员填写竞争上岗报名登记表，也可采取个人报名，领导推荐相结合的方式报名。报名人数达不到3人以上的岗位，不能实施竞争上岗工作。

资格审查。依据竞争上岗条件，由竞争上岗工作领导小组（或企业人力资源管理部门）对报名者进行资格审查，条件达不到的人员不能参加岗位竞争。

文化考试。组织资格审查合格者进行文化考试。文化考试的目的是为了测试员工的思想道德素质、专业技术知识、文字表达能力。为体现考试的公正性，可将出题、阅卷工作委托第三方实施。

面试（演讲答辩）。文化考试合格者，在一定范围内进行演讲，介绍自己的工作经历、德才情况和做好所竞争职位工作的设想，并就有关问题进行答辩。可采取竞职演说、情景模拟、现场答辩等多种形式。面试侧重于测试岗位竞争者的语言表达能力，分析问题、解决问题的能力，应变能力等综合素质。

组织考察。对通过文化考试、面试的岗位竞争者可对其进行短期的公示，以充分听取各方面的意见。

正式聘用。公示结束后，即可正式聘任为管理人员，并签订目标管理合同。

【案例】

某公司如何实施高管竞聘上岗

U集团是一家以电机制造为主、多元发展的大型集团公司，现有职工近8000人，全资及控股的分、子公司6家。

随着集团公司的迅速发展，对核心人才的需求也日益迫切。为了进一步挖掘优秀人才，提升管理团队质量，U集团管理者决定对分、子公司的高层管理者实施竞聘上岗，以选拔真正优秀的人才，进一步优化企业的人力资源配置，有效支撑企业的进一步发展。但是在设计竞聘上岗方案的过程中，该集团公司遇到了很多问题和阻碍。基于此，在前期合作任职资格体系搭建项目的基础上，集团公司管理者再次邀请中略咨询顾问团队进驻企业，希望能借助中略咨询的专业力量帮助企业设计一套完整的竞聘上岗方案，帮助企业选拔真正优秀的人才。

（一）现状问题及分析

竞聘上岗的实施能够拓宽用人视野，选拔合适的人到合适的岗位上工作，达到优化人力资源配置的目的，同时也能为有能力的人才提供发展机会，有助于增强员工的危机意识和竞争意识，充分调动员工的工作积极性。

人岗匹配的原则说起来很简单，即将合适的人才放到合适的岗位上，但是在很多企业实施起来却很难。中略咨询将这一系列问题归纳为两点：①没有真正落实公开、公平、公正的竞聘原则的问题；②专业性不足，对哪些人可以上岗缺乏准确的专业意见，评估缺乏理性依据。

基于第一期任职资格体系搭建项目的合作，结合本期项目对不同层次的管理者及员工的多次深入访谈，中略咨询顾问专家对该集团公司的管理现状及问题有更深入的了解，指出该集团公司在竞聘上岗过程中主要存在以下几个方面的问题。

（1）核心人才评选标准不清晰。不同岗位对候选人的能力、素质有不同的要求，建立科学、明确、可衡量的基于岗位胜任力的评选标准是实现科学、准确评价的前提。但是，在大多数实施竞聘上岗的企业中，其评选标准并不明确，往往过于关注专业知识、经验资历和过往的业绩。对管理干部，特别是企业高层管理干部来说，专业知识和技能并不是最重要的，其核心能力、素质及管理意识则是影响其能否胜任岗位、影响其管理绩效高低的重要因素。此外，由于评选标准的不明确，加剧了评委主观因素对评选结果的影响，每个人的评选标准不统一，有的领导看重经验资历，可能推选经验丰富的老员工；有的领导看重专业知识，可能会推选经验较少的高学历人才，甚至导致最终的竞聘上岗演变成评委之间的"博弈"。

（2）方法单一，欠缺科学性。目前，大多数企业仍采用笔试、演讲、民主投票等传统的竞聘方法，我们不能完全否定这些方法的作用，但是每一种测评方法都有其优势和局限性。比如，笔试可以考察员工的业务知识和理论水平，但对于评价管理人员的战略思考能力、组织协调能力、沟通能力、决策能力却显得力不从心；演讲对于有能力，但不善言辞的候选者来说，的确有不公平的嫌疑；民主投票环节中，往往由于信息不对称，员工对候选者的背景及个人情况仅限于宣传资料的简单介绍，甚至完全不知情，投票环节往往成了拉选票、走后门的过场，竞聘也只是看上去很民主。不同的能力、素质需要有不同的方法和工具测评，因此，必须根据所要测评的能力、素质选择合适的测评方法和工具。

（二）中略咨询解决方案

在深入调研和分析该集团公司的管理现状和问题的基础上，基于中略咨询帮助该企业搭建的任职资格体系的基础上，中略咨询顾问专家提出"建立基于任职资格体系的竞聘管理方案"的解决思路。

（1）基于不同岗位的核心工作职责，建立明确、可衡量的评选标准。前期在大量工作分析的基础上，明确各个岗位所需的各项能力、素质要求及其评价标准和评价方法。对于高层管理者，从能力、素质、通用要求（学历、专业、工作年限等）、知识技能、经验成果等多个维度明确了岗位要求。同时，中略咨询顾问团队明确了各个岗位的角色责任，并通过设计科学、合理的管理工具和表格，帮助该企业明确各个层次的管理者需要承担的具体事项和频次要求，以进一步促使干部履职。

（2）引入人才测评工具，科学评价人才。为选拔优秀人才提供科学保障，中略咨询顾问专家团队帮助该企业搭建了基于各核心岗位核心技能要求的分层、分类人才测评系统，即针对不同岗位类别对人员要求的核心技能点和能力、素质指标设置了相应的测评题目及测评方式，建立了相应的题库（包括试卷、测评量表等测评用的材料，以及若干独立的试题组成），以帮助企业筛选出与岗位相匹配的优秀人才，形成一支优秀的人才队伍，促进企业的进一步发展。同时，中略咨询专家团队指出在竞聘上岗的实施过程中需着重注意以下两点。

1）测评与面试结合。在对人员的考察评估中，测评结果只是决策信息的一部分，需要将个人履历、面试、测评等多方面的信息综合起来做出决策。测评为面试中如何深入了解候选者提供了有价值的线索。很多情况下，并没有完美匹配的应聘者，或者几位较优秀的人选难分伯仲，那么对于他们在测评中表现较弱的素质，可以在面试中做进一步的考察。

2）人才测评效果的跟踪检验。做出了人才选用的决策以后，人才测评的应用不能就此结束，需要对人才测评效果进行跟踪和检验，不断修正测评应用中的偏差和不完善之处。

第三节　如何完善人才竞争性选拔机制

竞争性选拔制度是顺应时代发展、深化人事制度改革的重要举措。一些企业导入竞争性选拔机制，但在运行中却存在着一些问题，如人才竞争性选拔体系不健全、程序不完善、执行不到位以及制度不配套等。

核心人才的竞争性选拔，有别于传统干部选拔制度，它是强调以"民主、公开、竞争、择优"为导向，以主体参与选拔竞争为基点，以科学化、民主化、制度化为主线，以推荐、考试、提名、考察为核心要素，以实现"好中选优、优中选强"为目标的制度设计和制度框架。

一、核心人才竞争性选拔中存在的问题

竞争性选拔制度是用人制度的重大创新，为有效开展竞争性选拔工作，务必深刻认识竞争性选拔机制运行中存在的体系不健全、程序不完善、执行不到位以及制度不配套等主要问题。

核心人才竞争性选拔体系不健全。首先，缺乏系统的制度设计。对采取的方式、适用范围和情形、基本程序和操作办法、达到的比例以及处理民主与集中、选任与委任等方面的关系缺乏统一的规定。其次，存在核心人才自由流动的制度壁垒。

核心人才选拔程序不完善。一方面，对核心人才的年龄、学历、专业和地域

都做了严格的限定，明显地缩小了选拔范围；另一方面，选拔职位缺乏相对准确的、针对性的分析和说明，难以体现不同岗位的性质、特点和要求。在考试考察环节上，由于缺乏科学的职位分析和工作说明，用时较短、形式单一、方法陈旧、措施不多，难以形成与职位要求相称的能力、素质等级测评体系。

核心人才选拔制度不配套。①缺乏较为规范的岗位任职资格制度。②缺乏"能上能下，能进能出"的管理者退出机制。③缺乏干部完善的试用期管理、服务期管理和日常管理制度等后续管理制度。

二、完善核心人才竞争性选拔运行机制的路径与对策

竞争性选拔干部制度是用人制度的重大创新，但是对如何完善核心人才竞争性选拔运行机制，需要从扩大核心人才选拔范围和层次、创新优化选拔方式、构建科学的考评机制、完善制度配套措施、强化核心人才后续培养管理角度进行。

逐步扩大选拔比例，构建竞争性选拔的长效机制。①扩大选拔比例。要使竞争性选拔制度成为领导干部选拔任用的主体制度。②因需确定职位。按照"缺什么、选什么"的原则，有计划、有步骤地开展竞争性选拔工作。③因岗设置条件。岗位条件的设置是否科学、合理，直接影响选拔核心人才的质量。必须立足岗位实际设置竞争性选拔范围和资格条件，才能保证选准适合岗位需要的人才。④提高初选门槛。

构建科学的考评机制，确保考评的真实性和有效性。①探索实行"多维考评"模式，优化考试测评。②进行科学、有效的考察，提高考察质量。③注重选拔考试与考察相结合。④建立试用期制度，强化管理人员日常考核和实绩评价。

强化核心人才后续培养管理，激发核心人才队伍的生机与活力。①加强核心人才跟踪培养，确保"人岗相宜"。②加强动态管理，确保核心人才"能上能下"。③打破制度壁垒，实现人才自由流动。④完善配套制度，做好竞争性选拔制度与后备干部培养制度的衔接。

第四节　用活"鲇鱼效应"，激发竞争

在挪威的一个小镇，渔民们奇怪地发现，从深海里捕回的沙丁鱼通常还没有到达海岸就已经口吐白沫，死掉大半了。因为死鱼卖价要比活鱼低许多，所以渔民们千方百计计沙丁鱼活着上岸，但遗憾的是，他们所做的种种努力都以失败告终。

科学家们对此感到好奇，就做了一个实验对其加以研究。他们在每个捕放沙丁鱼的水槽中放进一条鲇鱼。因为鲇鱼是沙丁鱼的天敌，原本懒洋洋的沙丁鱼一看见鲇鱼，立刻就感到威胁，为避免被吃掉而四处游动起来。由于激发了沙丁鱼的活力，于是整个鱼槽都被激活了。这使得原本一潭"死水"的槽水变成了"活水"，间接带来了大量氧气——这使得喜欢挤在一起的沙丁鱼得到了更好的生存空间。结果，沙丁鱼的成活率大大高于以前，存放时间也因而大大延长。今天，这种简单而有效的"激活"方法被广泛应用于捕捞沙丁鱼的工作中。

管理学家把这种利用鲇鱼保持沙丁鱼活力的现象，称作"鲇鱼效应"。在这个实验中，鲇鱼就好似一针兴奋剂，为死气沉沉的沙丁鱼群注入了新鲜的活力，激发了其潜在的能量。毫无疑问，如果没有鲇鱼的威胁，那些沙丁鱼的动力可能永远都不会被激发出来。对每一个生命个体而言，动力是内在的，谁都有，但却很少被激活。激活动力需要自己的努力，也需要好的适应环境。

其实企业核心人才竞争也是一个道理。一家企业，如果长期使用一批员工，就缺乏了新鲜感和活力，容易产生惰性。因此，有必要找些外来的"鲇鱼"加入公司，制造一种紧张气氛，这样，企业自然而然就会充满勃勃生机。

多数企业基本上都由这样三类人组成：一是不可或缺的核心人才，约占 20%；二是"以公司为家"勤奋工作的人才，约占 60%；三是拖企业后腿的人，约占

20%。如何使第三类人减少，使第一、第二类人增加呢？不妨采用"鲇鱼效应"。

重视"鲇鱼效应"，利用"鲇鱼效应"引导竞争，就是希望企业不断地引进培养核心人才，更进一步地激活核心人才，为企业创造有序的人才竞争环境。那么，到哪里去发现"鲇鱼"呢？

到企业外面去寻找"鲇鱼"的成本要远远高于在企业的内部挖掘"鲇鱼"。因为对于内部员工来说，一方面，你已经掌握了员工的大部分信息，这样信息不对称的风险要小得多；另一方面，你的员工已经熟悉了企业的组织文化，内部冲突发生的可能性要小得多。

所以，当一个公司出现职位空缺时，应优先考虑公司内部的员工。这样还能够带来一些其他的好处，你可以让员工知道公司关于他们个人的成长和发展，更进一步营造良好的企业文化；你可以节省公司的人才资源，避免出现高价收购人才的现象。但怎么样保证空缺职位给公司内部的"鲇鱼"？这就需要你具有独到的管理方法。

为了挖掘、寻找企业内部的"鲇鱼"，建议采取以下三种管理方法：

（1）推行绩效管理，用压力机制创造"鲇鱼效应"，让员工紧张起来。公司压力机制的有效性，关键在于员工的薪酬、发展和淘汰机制的建立与管理系统挂钩的紧密程度。事实上，科学、有效的绩效管理系统提供的结果能够为员工的培训与发展、薪酬调整、晋升和淘汰提供准确、客观、公正的依据，真正具有奖励核心人才，淘汰能力差的员工的作用，从而创造出压力的机制和氛围。

（2）在组织中构建竞争型核心人才团队，通过公司内部的评选机制制造"鲇鱼"队伍。公司要想持续保持创新能力和竞争力，建立上下一心的组织团队是关键所在。成功的团队不但清楚部门的目标是什么，更重要的是与公司发展目标相结合。因此，为了鼓励部门之间的团队竞争，公司应确定优秀部门、优秀员工、优秀管理人员等一系列评选标准，并认真实施。通过设置内部群体之间的有序竞争去激发团队的动力，使得公司的每一位员工始终处于精神饱满的工作状态。

（3）寻找公司的潜在优秀人才并加以培训，通过发现和提升潜在的"鲇鱼型"人才去制造压力，从而提高员工队伍的战斗力。

在用人方面，通过考核系统，在组织中寻找有潜在能力的"明星"，并给予重点培养，要找到并提升能干的人才，使公司内部的员工都紧张起来。如此一来，整个团队才会生机勃勃。

内部"鲇鱼型"人才有以下几条考评标准：①有强烈的工作热情和工作欲望。②具有雄心壮志，不满足于现状。③能带动别人完成任务。通常，只要赋予其挑战性的任务和更大的责任，他就能完成更好的业绩，并表现出超过其现在所负担的工作能力。④敢于做出决定，并勇于承担责任。⑤善于解决问题，比别人进步更快。

注重发掘企业内部的"鲇鱼"，并不意味着排斥外来的"鲇鱼"。当企业内部缺少活力，员工懒散、没有斗志的时候，从外部引入"鲇鱼"可能是非常好的解决办法，就像激活沙丁鱼那样激活你的员工。但是对于从企业外部引进的"鲇鱼"，管理者要非常注意自己的领导方式，因为他们往往自视很高，又不熟悉企业的环境，容易与企业的内部组织形成冲突。所以外部引进的"鲇鱼"在进入之初是可能带来不和谐因素的。如何解决这一问题呢？

给予足够的发展空间。"鲇鱼"可能在某些方面有其特殊才能，管理者应该给"鲇鱼"创造条件，让他们有足够的空间积极、主动地发挥才能，更意气风发地投入工作，充分施展他们的所学。如果打算磨灭其锐气而压抑"鲇鱼"，则必然适得其反。

适当地容忍其缺点。任何人才都是有优点也有缺点的，"鲇鱼"也许会优点明显，缺点更为明显。但作为管理者，千万不要对"鲇鱼"有求全责备的心态，你的责任就是要用其所长避其所短，而不是因为他们有一点点小缺点就将他们光彩照人的另一面也全盘否定。

要善于引导，学会将核心人才的缺点所产生的"副作用"降到最低点。必要的时候，要给予"鲇鱼"适当的保护，你的保护、关怀会让"鲇鱼"们因感激而更加勤奋工作。

对"鲇鱼"的建议给予重点考虑。"鲇鱼"们一个最大的特点就是有主见，不会人云亦云，随波逐流，一旦他们认为是对的，一般都坚持自己的观点，哪怕无人支持亦毫不动摇。作为管理者，要大力营造与"鲇鱼"进行对话、交流、争论的民主气氛。

适时适地的沟通。沟通是一门艺术，与作为企业新成员的"鲇鱼"沟通更要掌握时机。这也有利于企业的长期发展。

通过引进外部"鲇鱼"和开发挖掘企业内部"鲇鱼"的办法，企业管理者可以充分利用"鲇鱼效应"保持团队的活力。

第五节　警惕核心人才之间的"恶性竞争"

核心人才之间的恶性竞争，是指核心人才之间为了追求不正当利益而使用不正当的手段相互倾轧、排挤的竞争现象。正当竞争是经济发展的驱动力，是激发人才潜力的必要机制，而人才间的恶性竞争则带有阻碍人才发展、损害单位利益的弊病。春秋战国时期"二桃杀三士"的故事就是一个恶性竞争的典例。齐国三个位高才显的大臣为了争夺两个象征功劳的桃子终致三个人命归黄泉。而《三国演义》中也正是由于吴、蜀两国君臣为荆州之利勾心斗角最终被魏国所破，致使鼎足之势瓦解。由人才间恶性竞争而导致的惨痛教训必须引起企业领导的重视。

核心人才之间的恶性竞争，体现在：

首先，人才之间对着干、相互排斥，在工作外耍手段、设陷阱，以求破坏对方的发展晋升机会或谋求自己的利益。这种恶性竞争极大地破坏了核心人才之间的协作关系，使依赖集体智慧才能完成的工作被延误。

其次，上下级人才之间的恶性竞争。这种情况产生的根源在于人才的急功近利、嫉贤妒能的思想，以及由于外来发展机遇的影响而产生的心理不平衡，从而造成下一级员工不服从上一级管理者的合理调配，或上一级管理者利用职权压制下一级员工能力的正常发挥。这种人才之间的恶性竞争，不仅激化了上下级之间可能存在的矛盾，而且带来了管理失效和人才浪费的后果。企业的核心人才之间为了各自的利益，不同部门相互"挖墙脚"、相互排斥、拆台，最终阻碍了公司的发展，也耽搁了人才的发展。

企业中为什么会出现核心人才之间的恶性竞争呢？究其根源，核心人才之间的恶性竞争不仅是由于人才狭隘的荣誉观、价值观、世界观造成的，更是社会上一种不正常的竞争心理和竞争机制造成的结果。它不仅与卓越的企业文化不相适应，客观上还导致人才的贬值与浪费，严重制约了企业的战略发展进程。因此，对于核心人才之间的恶性竞争，必须加以预防、制止。

防止核心人才之间的恶性竞争，企业需要从创建团结合作的企业文化，从思想认知上加以引导，注重培养核心人才之间的协作关系和团队意识。在岗前培训中，要引导人才建立正确的荣誉观、价值观，将企业发展与创新作为最根本的追求目标，树立协作基础上的竞争意识。

如果想要企业具有持续的收益能力和竞争优势，企业所面临的挑战并不在于对人才的争夺。企业所需要做的是尽可能多地选用适合企业文化的、有才能的人，并利用企业自身的体制、管理者和企业文化，帮助核心人才最有效地发挥才能。

本章回顾

※ 导入"人才竞争"不是目的，目的是推动人才快速成长和能力发展。通过竞争，使核心人才扩大了视野，充实了"核心人才库"。

※ 企业将市场竞争机制导入核心人才复制体系中，让竞争理念深入核心人才的内心，将外部市场竞争内部化，这有助于培育公司核心人才的竞争意识，形成适度的人才竞争机制，不断提升企业核心竞争力。

※ 核心人才之间的恶性竞争，是指核心人才之间为了追求不正当利益而使用不正当的手段相互倾轧、排挤的竞争现象。

※ 防止核心人才之间的恶性竞争，企业需要从创建团结合作的企业文化，从思想认知上加以引导，注重培养核心人才之间的协作关系和团队意识。在岗前培训中要引导人才建立正确的荣誉观、价值观，将企业发展与创新作为最根本的追求目标，树立协作基础上的竞争意识。

第十二章
导入核心人才继任计划

【章节导读】

企业核心人才发展规划应该结合企业自身的人才成长速度、核心人才增量需求和后备人才存量现状，为核心人才或后备人才的任用做出系统的、科学的、前瞻性的规划。其中，导入核心人才继任计划，不失为一种核心人才发展、核心人才成长激励和核心人才复制的高效机制。

企业核心人才的流失对企业正常生产经营活动的危害最大，轻则降低士气，重则给公司生产经营带来致命危机。不同程度的核心人才危机，已成为制约企业战略发展的关键"瓶颈"。

企业要避免核心人才流失带来的危机，就应快速建立核心人才继任机制。核心人才的继任机制是为某个关键职位选拔、培养继任人和接班人的机制，其目的是建立起继任人选择培养的流程化、标准化的制度。核心人才继任机制有助于抑制核心人才的流失；有助于降低核心人才流失带来的企业经营风险；有助于核心人才复制，培养企业后备骨干、稳住优秀的年轻人才。

第一节　企业普遍缺乏核心人才继任意识

首先，中国企业对核心人才继任计划缺乏系统性的认识。在对核心人才继任计划的认识上，很多企业更习惯于使用接班、交接、让位、继承、培养等词汇描述继任计划。对核心人才继任的理解，更多的企业管理者认为：核心人才继任是职责和业务的交接，继任是领导者让位给新人，继任是职位的交接过程等。事实上，核心人才继任计划是集选拔、培养于一体的系统性工程，其中人才培养、职位与业务的交接仅仅是其中的部分环节。

其次，中国企业对核心人才继任计划缺乏足够的重视。中国企业没有针对特定岗位制订核心人才继任计划。即使在制订核心人才继任计划的中国企业中，相当多的企业核心人才继任计划尚不规范，形式比较简单，缺乏系统的管理和规范的运作模式。一旦企业核心人才出现问题，又无人可替，企业的生产经营活动就会出现大问题。企业缺少核心人才继任计划实际上反映了企业缺少持续发展的企业文化。

最后，中国企业未能充分认识核心人才的重要性。中国企业对核心人才离职缺乏必要的管理意识，这实际上反映了企业未能充分认识核心人才的重要性，缺少核心人才继任意识。数据表明，国外企业对核心人才离职所采取的预防措施系统性更强，而国内企业特别是国有企业所采取的应对措施更多的是一种临时性的应急措施。

在核心人才继任计划实施对象方面，中国企业仍然是以高层管理者作为重心，很少有企业将核心人才继任计划拓展到整个企业的所有关键岗位。企业核心人才掌握核心业务，控制关键资源，拥有专门技术与知识，对企业的持续发展会产生深远影响。核心人才是企业核心能力的源泉，是企业的灵魂和骨干，中国企业要想适应激烈的竞争环境构建企业核心竞争力，仅仅依靠高层管理者是不够的，这涉及企业所有的关键岗位，需要所有核心人才的共同努力。因此，中国企业需要将关键岗位均纳入核心人才继任计划，构建核心人才继任计划，培养和管理企业核心人才，提高企业持续竞争力。

第二节　企业核心人才继任计划现状

中国企业核心人才继任计划现状，体现在核心人才继任计划的配套机制不够完善，配套工具使用不熟练等。

一、核心人才继任计划的配套机制不够完善

（一）企业缺乏专门的核心人才管理制度，HR 的职能被局限于事务性工作

国有企业受长期的计划经济体制和人事管理制度影响，导致缺乏专门的人才管理。民营企业管理文化比较重视"人治"，管理风格随意化较强，人力资源部门不健全，受其资金、规模和人力资源部门建设等要素制约，核心人才继任计划开展的情况往往不是很理想。传统的人事管理立足于操作层面，工作内容只限于员工招聘、职称评聘、工资福利、人事关系调动等行政事务性工作，忽视了人才管理工作，更谈不上对核心人才进行常态化、专业化管理。

（二）企业缺少进行岗位评估和岗位分类管理的意识

很多企业的核心人才继任计划主要是以高层管理人员为主要对象，认为核心人才继任计划涉及岗位是不需要调查评估的，在核心人才继任计划涉及岗位的确定上主观随意性很强，很少有企业在制订继任计划之前会对企业岗位进行系统性、规范性的岗位评估。核心人才继任计划是以企业的所有关键岗位为实施对象，为关键岗位培养继任者，实现核心人才复制的制度化，因此通过岗位评估确

定企业关键岗位，是制订与实施核心人才继任计划的必备前提。

目前，许多企业的岗位评估仅仅满足于薪酬体系设计和优化的需要，鲜有企业从人才发展和人才价值提升的角度审视岗位价值，继而管理关键岗位价值。

（三）企业普遍缺乏后备人才储备制度

公司人才储备为企业核心人才继任计划提供选择候选人的空间。国内外知名公司的"人才库"都吸纳了成千上万的各类人才，而中国许多企业缺乏后备人才管理制度，在后备人才管理方面随意性很强，难以形成可持续的后备核心人才队伍。

（四）企业缺乏科学的培训制度

首先，企业缺乏培训需求分析，培训缺乏针对性。中国企业培训存在很大的盲目性，对培训内容的安排缺少客观依据，多以应急式的业务培训为主，很少能从素质、能力和知识结构的改进方面安排培训内容。

其次，企业缺少人力资本投资观念，培训投入较低。

再次，培训方式方法传统，技术开发缓慢。在核心人才培训上，中国企业重学习、轻实践；重学历、轻能力，造成教学内容与客观实际相脱节。

最后，培训管理混乱，评估流于形式。培训评估不力导致对培训过程控制乏力，培训效果反馈滞后，无法及时发现问题、纠正偏差和修正计划，进而导致对核心人才培养失去控制。

（五）缺乏科学的核心人才选拔制度

首先，科学的核心人才选拔机制要求企业不设主观前提，完全以客观结果为取舍标准。但是中国传统人才选拔机制主观性太强，核心人才选拔缺少客观依据。

其次，核心人才选拔标准。中国企业在核心人才选拔上素来注重知识、技能等外显特征测试，而忽视内在特征如工作动机和自我评价的测试。

（六）核心岗位交接缺少计划性

许多企业由于核心岗位交接时机不恰当，前任无法离职，后任无法就职，导致企业正常生产经营活动出现混乱。

二、对核心人才继任计划的相关工具和方法不熟悉

（一）岗位评估系统对核心人才继任计划的支持不够

首先，目前企业引入专业的职位评估系统主要是从薪酬的内部公平性和外部竞争性角度出发的，而不是服务于关键岗位的确认和核心人才的培养。

其次，岗位信息收集方法单一，成本较高，难以收集知识工作信息。

最后，岗位评估工具选择比较盲目，造成人、财、物的浪费，而且还达不到预期的效果。

（二）胜任特征模型与企业结合得不够紧密

胜任特征模型与企业结合得不够紧密，建立大于应用。中国企业在建立胜任特征模型时，重视人员的外显特征，如知识技能等，而忽视人员的内在特征。胜任特征设计的科学性关系到核心人才选拔的合理性。核心人才继任计划反映了企业持续发展的需求，那么在设计核心人才胜任特征模型时应该兼顾企业未来发展的需求。

（三）企业人才数据库对核心人才继任计划支持不够

中国企业人才数据库大多是对人事信息简单的综合储存，而缺少人才内在素质特征的评估分析。人才数据库要实现对核心人才继任计划的支持，必须提供关于候选者多方面的评估分析。

（四）核心人才测评与岗位要求相脱节

在核心人才选拔中，核心人才测评与岗位要求相脱节。企业缺少岗位分析，对岗位工作职责、任职资格等缺乏明确的认识，没有完善的岗位说明书，造成核心人才选拔标准模糊，缺乏公开、公平、公正的可量化的岗位绩效考评体系；对企业核心人才的评价往往靠感觉，使核心人才选拔缺少客观依据。

人岗匹配是核心人才测评的基础，离开具体岗位的要求，则很难发挥核心人才测评的作用。因此，企业要以岗位胜任特征作为测评对象，将测评集中到与提高岗位绩效相关的行为和技能上。

【案例】

如何建立基于人岗匹配的人才测评系统

W公司立足"升级转型"战略，以消费者需求为中心、以光热业务为基础，实现品牌延伸。企业经营范围涉及太阳能、空气能、厨房电器、净水器、五金卫浴等产品的研发、生产制造、销售及服务。企业借助新技术、新模式为客户提供综合能源系统一站式服务。

随着公司业务的进一步发展，公司引入了大量技术人才，为了科学、合理地选拔和评价人才，公司也引入了人才测评的相关工具。但是在实际应用过程中，所引入的人才测评工具并没有起到应有的效果，花费了大量的时间和精力选拔出的人员中，仍有一部分人员不能胜任岗位或是能力有所欠缺。

1. 现状问题及分析

人才竞争已成为企业竞争的核心，面对人才的激烈竞争，如何科学地选拔和评价人才，如何通过对人才能力的测评来提高人才使用效率、减少用人失误，对企业人力资源的合理配置和使用具有重要的意义。在这一背景下，人才测评越来越受到重视，各种人才测评工具也应运而生。很多企业引入了人才测评的工具，包括性格测试、职业兴趣测试、能力测试等。但是，在人才测评工具的应用过程中，仍存在一些问题，应用效果也不尽如人意。

通过对W公司的管理现状的深入分析及对多层级人员的深入访谈，中略咨询顾问团队指出，该公司在人才测评工具的使用过程中，主要存在的问题是忽略了人岗匹配的前提，变成单纯地对人本身的测评。与其他企业类似，W公司所引入的人才测评工具专注于对"人"的全面测评，包括人的性格、职业兴趣、能力、素质等。W公司人力资源部的经理提到，"当初引入这个测评工具的时候正是因为能够全面地测评一个人，但用这个工具测评出来的人还不如之前凭主观判断选出来的人，经常出现不能胜任岗位的人"。

中略咨询顾问专家分析指出，该公司的人才测评之所以起不到应有的效果，其主要原因是所引入的人才测评工具忽略了最主要的前提——人岗匹配，并没有把测评的结果与相关的岗位建立联系，最终使人才测评与岗位要求脱节。企业需要的是与岗位要求一致的人才，而不是单纯的"全能型人才"，例如，企业需要招聘一名文秘，而在一个单纯对人的综合能力、素质进行测评的测评工具中，即使被测评者的得分很高、综合能力很强也未必适合这个岗位，因为这样的测评仅仅是针对人本身的测评，没有结合文秘岗位的特殊要求。

2. 中略咨询解决方案

通过深入分析 W 公司所引入的人才测评工具以及企业的管理现状，结合多年的咨询实践经验和人才测评专业研究经验，中略咨询顾问专家帮助企业制定了基于岗位分析的人才测评系统。

基于 W 公司各重点岗位的工作职责及工作要求，结合对在岗人员工作技能的分析，中略咨询顾问专家团队对 W 公司的岗位进行分类，比如技术类、市场营销类、管理人员等，明确各类别岗位对人员各方面能力、素质的要求，即各岗位人员所需具备的核心特征和胜任该岗位的最低技能要求。

在此基础上，中略咨询顾问专家团队帮助 W 公司搭建了基于各核心岗位核心技能要求的分层、分类的人才测评系统，即针对不同岗位类别对人员要求的核心技能点和能力素质指标设置了相应的测评题目及测评方式，建立了相应的题库（包括试卷、测评量表等测评用的材料，以及若干独立的试题组成），以帮助企业筛选出与岗位相匹配的优秀人才，形成一支优秀的人才队伍，促进企业的进一步发展。

举例来说，经过深入分析，W 公司的某岗位需具备的核心能力、素质是灵活性。基于此，中略咨询设计了相应的测评方法帮助企业筛选出其他条件合格，且能灵活处理问题的人员担任该岗位，而不是采取全面评估的方式对各人员进行全方位的评估。

同时，为保证人才测评系统的落地实施，中略咨询顾问专家团队指出在应用过程中需着重注意以下两点。

（1）测评与面试结合。在对人员的考察评估中，测评结果只是决策信息的一部分，需要将个人履历、面试、测评等多方面的信息综合起来做出决策。测评为面试中如何深入了解候选者提供了有价值的线索。很多情况下，并没有完美匹配的应聘者，或者几位较优秀的人选难分伯仲，那么对于他们测评中表现较弱的素质，就可以在面试中做进一步的考察。

（2）人才测评效果的跟踪检验。做出了人才选用的决策以后，人才测评的应用不能就此结束，需要对人才测评效果进行跟踪和检验，不断修正测评应用中的偏差和不完善之处。

3. 中略咨询总结

越来越多的企业逐渐认识到核心人才对企业发展的重要作用，因此，科学、合理、低成本选拔人员成为很多企业的需求之一。同时，人才测评工具也得到了越来越广泛的应用。但是，中略咨询顾问专家在咨询和管理实践中发现，大多数企业在应用人才测评工具的过程中都存在一些问题，其中，最为突出的问题是：欠缺人岗匹配的前提，人才测评与岗位情况相脱节，导致测评无效。

基于此，中略咨询顾问团队帮助企业搭建了基于岗位分析的分层、分类的人才测评系统，以筛选出与岗位相匹配的、真正优秀的人才，促进企业发展。通过应用中略咨询所搭建的人才测评系统，W 公司选拔了一批优秀人才，并将该系统逐渐拓展到人员晋升、人员培训等人力资源管理领域，客户方领导也对中略咨询的专业性表示了高度认可。

第三节　核心人才继任计划助力企业核心竞争力提升

人才的竞争成为企业间竞争的核心，核心人才是企业竞争力的保障。企业通过推动内部的人才管理水平，推行核心人才继任计划，从而提升自身核心竞争力。

核心人才继任计划助力企业持续竞争力提升，主要体现在以下几方面。

一、核心人才继任计划推动企业核心人才队伍的延续性

随着市场经济的发展，大多数资源是可以通过市场交易获得的，但是有些能对企业持续竞争优势产生重大影响的资源，需要经过长期的积累才能形成。其中，最具代表性的当数企业文化、企业知识、人才资源，尤其是核心人才等。

在企业的竞争中，核心人才作用是难以替代的，一旦离开了核心人才，企业的其他资源就无法发挥正常功能，甚至会丧失其市场价值。企业只有拥有了核心人才这样的资源，才能充分发挥其在资源识别、积累、储存和激活过程中独特的能力，才能在同行业中拥有独特的竞争地位。核心人才继任计划不断提升企业关键岗位从业人员的能力，推动企业核心人才队伍的延续性，为企业其他资源的增值提供人才保障。

核心人才继任计划为企业文化的创造和传承、继承与发扬提供优良的人才环境，保证企业文化的延续和统一。

核心人才继任计划符合知识与特定环境的相关的特性，为组织学习和知识传承提供制度化、规范化的渠道，可以实现关键岗位隐性知识有效的继承；通过长期数代知识积累，逐渐实现关键岗位的知识自主创新，从而为企业创造持续竞争优势。此外，构成企业持续竞争力的专有知识和信息并非凭空存在，是以专有的核心人才的存在为前提的。

二、核心人才继任计划为组织能力的突破与创新提供持续保障

对于企业来说，组织能力指开展组织工作的能力，是指公司在与竞争对手投入相同的情况下，具有以更高的生产效率或更高质量，将其各种要素投入转化为产品或服务的能力。

由于企业所处的环境变幻莫测，企业要生存、发展，就需要比竞争对手更快地学习，更好地适应新环境，核心人才继任计划为企业组织能力的培养和维护提供了持续保证。一方面，企业组织能力是依附在核心人才身上的，核心人才继任计划为企业培养了优秀的管理骨干、技术骨干和特殊技能人才，培育和提升了企业的组织能力，增强了企业竞争优势；另一方面，核心人才继任计划为组织能力在前后任之间的传递建立了规范化的渠道，保障关键岗位组织能力在组织中得到共享和传承，通过长期的积累实现组织能力的突破与创新，从而保持企业竞争优势。

三、核心人才继任计划为企业创新提供人才支撑

核心人才继任计划为持续创新提供人力支撑。首先，核心人才继任计划提升了关键岗位继任者的预见能力和决策能力，从而提高了企业寻找和把握创新机会的能力。其次，持续创新以优秀人才环境为前提，核心人才为企业培养优秀的企业家和其他骨干人才，为企业创新提供必需的人才支撑。

第四节　核心人才继任计划对企业的五大影响

核心人才继任计划对企业管理的现实影响体现在：有助于留住核心人才、帮助应对核心人才离职产生的危机、有助于将企业的核心价值和能力传承下去、有

助于维持企业的良性组织生态、有助于企业人才梯队建设等。

一、核心人才继任计划有助于企业留住核心人才

核心人才之所以成为人才市场争夺的焦点，究其根源在于核心人才的价值。核心人才的价值来源于其区别于其他员工的独特能力，这种能力难以模仿，具有不可复制性，并能为企业带来超额价值。相对于普通员工，核心人才清楚地认识到自我独特能力对企业经营生产的重要性，从而期待更高的回报。

此外，社会价值观的变迁，劳动力的自由流动，就业渠道的拓宽，使得核心人才对企业的忠诚逐渐转移到对自己专业的忠诚。对他们来说，企业只是发挥其专业优势的平台，他们更关心的是个人在专业领域取得的进步以及个人的价值回报。当他们认为自身的价值在企业未能得到相应回报的时候，一旦有更好的发展机会，他们便会萌生跳槽的念头。

通过核心人才继任计划，实现员工之间的知识转移，即实现核心人才独特能力从现任到继任的垂直转移。核心人才继任机制削弱了核心人才独特能力的专有性，从而降低了核心人才对自身价值回报的心理预期。事实上，通过核心人才继任计划，企业不但留住了企业的核心能力，也留住了核心人才。

二、核心人才继任计划帮助企业应对核心人才离职产生的危机

企业可以利用程序化沟通获取的信息，把握核心人才行为规律，确立人才流失管理的快速反应机制。企业要具有及时、准确地把握核心人才的行为，需要大量的人、财、物的投入，而且不一定能取得预期的效果。此外，核心人才的离职可能是由于毫无征兆的突发事件引起，企业必须做好核心人才突然离职的应对工作。

核心人才继任计划的目的是建立起继任人选择培养流程化、标准化的制度，企业应将为关键职位选拔、培养继任人作为一种日常制度。核心人才即使突然离职，但核心人才继任计划保证了企业适当的继任者弥补空缺，这样核心人才的突然离职就不会影响企业的正常运营。

三、核心人才继任计划有助于将企业的核心价值和能力传承下去

核心人才是核心竞争力的创造者和源泉，作为核心竞争力的技能、技术和知识大多是以隐性知识形式存在的，当承载这些宝贵隐性知识财富的核心人才离开企业时，这部分知识成果便随之流失，会给企业造成无法弥补的损失。特别是当企业的核心知识、技术和核心能力仅仅依附于企业中某一个或几个核心人才身上时，如果他们离职或转移到竞争对手手中，这对企业造成的打击是致命的。

作为事前预防，应对核心人才危机最重要防范措施的是通过有效的知识管理，将核心人才身上的核心知识、技术、经验以及其他的专长沉淀在企业内部，固化为不随核心人才的流失而丧失的团队或组织的知识资本。

核心人才继任计划可以保证组织核心知识在员工之间相传，并将传承的知识通过创新和发展为组织创造更大的价值。通过核心人才继任计划可以保证离职与继任者之间知识的延续性，将企业的核心价值和能力传承给继任者，使组织沿着原有的发展思路稳步前进。

四、核心人才继任计划有助于维持企业良性组织生态

在核心人才继任机制不健全的情况下，老员工离开组织的时候，未将组织内外的联络关系人名单留下，继任者将很难顺利地开展工作。其中一些关键人才，只有离职的老员工认识，继任者要开展工作需要重新找出和建立关系网络，这会花费大量的时间与金钱。

核心人才继任计划为继任者提供了向现任者学习的机会，通过现任者的示范和引导，继任者可以轻车熟路地掌握与工作相关的信息沟通网络，包括一些现任者自身建立的非正式沟通网络。继任者上任之后他们可以利用现有的信息沟通渠道顺利地展开工作。

五、核心人才继任计划有助于企业人才梯队建设

通过核心人才继任计划可以改进继任者的培训效果，使继任者能够迅速地胜

任关键职位的工作，减少企业用人决策的失误。在现任者的协助和引导下，继任者可通过对比，在实践中迅速了解自身存在的缺点和不足，从而相应地改进自己的知识结构、技术和能力，继任者可以在未上任之前循序渐进地获得所需的专业知识、培养能力并建立信心。对企业人力资源管理而言，继任机制使他们有机会在继任者正式上任之前，通过工作本身的要求与继任者现有的知识、技术和能力作比较，从而通过相应的培训课程使其尽快符合工作要求或更换继任人选。

此外，核心人才继任计划为关键岗位选择培养继任者的同时，也可以为企业其他的岗位发现人才。通过继任机制认同年轻人才的工作成绩，使优秀的年轻人才看到晋升的希望，鼓舞员工士气，提升员工忠诚度。

第五节　核心人才继任计划的实施步骤

核心人才继任计划是一项长期工作，组织必须构建一个机制以保证对候选人有客观、真实的评价，并能够源源不断地产生新的候选人，推动候选人持续地成长。

核心人才继任计划能帮助企业培养人才，为组织源源不断地输送人才。企业通过建立系统化、流程化的体系评估、发展和保留组织内部的核心人才，创建内部核心人才储备库，以获得当前和未来所需的核心能力。对企业而言，核心人才继任计划能确保其随时有一支优秀的后备人才梯队，确保企业发展和管理的连续性，并缩短填补关键职位空缺的周期，不断满足将来的业务需要。

核心人才继任计划主要有如下实施步骤。

一、评估关键岗位，确定核心人才继任需求

（一）明确企业战略和核心能力

不同的企业战略和核心能力决定了组织中有不同的关键岗位与核心人才。

企业的战略和核心能力只有转化为对关键岗位的职责，才能保证核心能力的构建和战略目标的实现。因此，确定关键岗位，识别核心人才首先要明确企业战略和核心能力需求。

（二）确定企业关键岗位，识别核心人才

企业从业务状况、企业战略以及相应的组织和人力资源策略出发，明确组织究竟应该关注哪些关键职位。很多企业在培养核心人才时，如果只顾着发掘和培养核心人才，其实并没有抓住重点。比较好的方法是先找出战略上不可缺少的职位，然后大力投资，以确保合适的人在合适的位置上做正确的事。

企业通过岗位评估确定关键岗位，识别核心人才，这是制订和实施核心人才继任计划的首要环节。确定关键岗位时，需要结合企业战略和行业发展特点，评估组织流程设计的合理性和必要性，确定岗位的重要性和人才供给的特征。从定性角度来说，关键岗位通常有如下几个参考标准：组织的关键业务，对组织的未来发展具有至关重要的作用；关注未来 3~5 年的战略方向和人力资源规划，预计新的部门和职位；具备特殊技能，培养周期长，在组织发展中替代性差，且需求量比较大；较为适合从内部培养和选拔，而非外部招聘。

企业制订核心人才继任计划的职位，注重关键岗位的动态适应性以及培养的后效性。一般而言，这些职位在企业内均属于中、高管理层或专业技术岗位。

（三）将核心人才继任需求信息汇总，形成核心人才继任需求表

核心人才继任计划的目的是发现并追踪核心人才，为关键岗位培养合格的核心人才继任者。因此，核心人才继任需求要从数量和质量两个方面确定。在评估后，将核心人才继任需求信息汇总，形成核心人才继任需求表。

二、确定核心人才素质特征，构筑胜任特征模型

不同的企业战略目标和核心能力对企业核心人才的知识结构、能力要求和技术水平等素质特征的要求是不同的，企业只有把对企业的核心能力和战略目标的追求转化为核心人才素质特征的要求，才能确保合适的人在合适的位置上。

企业在结合发展要求和企业文化的基础上，通过对优秀与一般业绩人员的行

为特点的对比提取胜任素质特征，并给予准确的定义及列举出典型的行为表现，进一步明确关键岗位对于核心人才的要求。

三、选拔核心人才继任计划候选人

企业需要进行人才储备，建立人才综合数据库。通过绩效评估以及评价中心等能力测试手段定期充实人才信息。

企业以胜任特征模型为依据，识别人才发展潜力，为核心人才继任计划挑选候选人。核心人才继任候选人的筛选，关键在于人才发展潜力的识别。候选人发展潜力的识别应该以内在的胜任特征作为主要评估因素，具体可以从对企业文化和发展战略的认同度、成就与个性特征、持续自我开发能力和对企业的忠诚度和归属感等方面识别。

四、培养企业核心人才继任者

企业以胜任特征模型为基础对每个候选人量身定制培训方案，使候选人培训做到有目的性、有针对性。

企业通过进行定期或不定期考核，将评价结果及时总结、反馈，帮助他们及时调整培养方案，从而对核心人才继任者培养进程进行控制。在企业外部环境或内部战略发生变化时，对核心人才培养计划进行相应的调整，在确定候选人确实无法胜任相关职位或候选人离职的情况下更换候选人。

五、确定企业核心人才继任者

确定核心人才继任者，一方面，按照特定的评估标准，对候选人素质进行测评和排序，综合测评成绩最优者成为继任者；另一方面，公开竞争，通过优胜劣汰的方式来确定继任者。

六、核心人才继任计划实施与评估反馈

核心人才继任计划实施不是一蹴而就的，必须采用渐进的方式，选择适当的

时机，逐步实现关键岗位的权力、职责、业务和职位的交接。核心人才继任计划并非随着交接完成而结束，交接后企业要将核心人才继任计划的实施效果列入企业督察范围，定期检查，跟踪问效。通过督察工作，查找薄弱环节，分析原因，制定改进方法，不断优化程序，对较好的做法与经验及时总结并加以推广。

本章回顾

※ 企业对核心人才继任计划缺乏系统性的认识。

※ 企业核心人才继任计划现状，体现在核心人才继任计划的配套机制不够完善，配套工具使用不熟练等。

※ 企业在核心人才发展规划中，应该结合企业自身的成长速度、核心人才需求和后备人才存量，为核心人才或后备人才的任用做出科学的规划。其中，导入核心人才继任计划，不失为一种人才发展与成长激励的高效机制。

※ 企业避免核心人才流失带来的危机，就要明确核心人才继任机制。核心人才的继任机制是为某个关键职位选拔、培养继任人和接班人的机制。其目的是建立起继任人选择培养的流程化、标准化的制度。

※ 核心人才是企业竞争力的保障。企业通过推动内部的人才管理水平，推行核心人才继任计划，从而提升自身核心竞争力。

※ 核心人才继任机制有助于抑制核心人才的流失；有助于降低核心人才流失带来的企业经营风险；有助于核心人才复制，培养企业后备骨干、稳住优秀的年轻人才。